英語化は愚民化

力が地に落ちる

施 光恒
Se Teruhisa

a pilot of wisdom

はじめに――英語化は誰も望まない未来を連れてくる

「公共の場での会話は英語のみに限定する」

「販売される書籍・新聞は英語媒体とする」

日本の政府がそんな地域を作ろうと提案したのをご存じだろうか。

二〇一四年八月、内閣官房管轄下のクールジャパンムーブメント推進会議が「公用語を英語とする英語特区をつくる」という提言を発表したのだ。[*1]

この報道を耳にした時、私は心底驚いた。そして、違和感のあふれるここ数年の政府の動きが、ついにここまで来てしまったかと背筋が寒くなった。

小学校における英語教育の早期化の動きも懸念を抱きながら見てきた。高等教育の世界でも英語偏重の流れが異様なまでに加速していることは、大学人としてもちろん身をもって感じていた。たとえば、英語で行う講義を増やした大学が「スーパーグローバル大学」として認定されれば、驚くほどの補助金が付くようになった。

あるいは、文部科学省が省内の幹部会議の一部を英語で行う方針を決めたという報道があった時も、おかしなことだと感じていた[*2]。

しかし、この英語を公用語とする特区の構想は、そうしたこととは一段階、位相の異なる政策なのだ。

想像してほしい、そこでは日本国内であるにもかかわらず、公の場では日本語で会話をしては「いけない」のである。そんな場所を、政府は政策として、大真面目に議論している。この特区が実現するかどうかはわからないにしても、政府が目指す政策のあり方が、ある一線を越えて、大きく英語偏重に舵《かじ》を切っていることを明確に示す提言だったと言っていいだろう。

このように指摘しても、読者のなかには「しかし、それの何が問題なのか」と感じる方もいるだろう。最近はグローバル化の時代で、日本人も英語くらいできたほうがいい、特区のなかでは学校も企業も英語漬けの環境にならざるを得ないのだから、勉強になる——。素朴に考えれば、そう感じられるのかもしれない。

もちろん、英語を学びたいと思う人間が、積極的に英語を学ぶこと、語学力を活《い》かして仕事にはげむことを否定しているのではない。かく言う私自身も、研究者人生を歩みだした頃、イギリスに留学したが、大変実り豊かな経験だったと感じている。

だが、今日本で起こっていることは、個々人の英語学習意欲と同列で語ってはいけないほど重大な変化なのだ。誰もが受け入れやすいような仮面をかぶってはいるが、その本質は学校や企業の環境を英語化し、ひいては日本社会を英語化していこうという試みだと言っていい。

そこでは、英語を「学ぶか、学ばないか」を一人ひとりが選択する余地はほとんどなく、豊かで充実した生活をするためには否応なく英語を話さなければならない世界が現出する。「まさか、この日本でそんなことになるわけがない」と思われるかもしれないが、国民が油断している間に、現実に事態はその方向へと着々と進行しているのである。

本書を手にとった方々は、私の肩書を見て、言語政策に関わる書籍なのに、なぜ英語教育や言語学ではなく、政治学の専門家が書き手なのかと疑問に感じたかもしれない。

政治学者である私が英語化政策の問題を扱うのは、それが日本という国の未来に、そして国民一人ひとりの将来の生活に、重大な影響を及ぼすからだ。

政治学が扱う主な対象は、政策であり、政策が作り出す秩序のあり方だ。言わば、「国の形」である。その国の形が、今まさに英語化政策によって奇妙に歪められようとしているのだ。

イメージ先行の言説や、論点のすり替えにだまされてはいけない。本書の目的は、端的に言って、この「英語化」政策の勢いに、警鐘を鳴らすことにほかならない。

英語化の行き着く先に、この国の「誰も望まない未来」が待っている。英語化は、日本を壊すのである。

目次

はじめに――英語化は誰も望まない未来を連れてくる――3

第一章　日本を覆う「英語化」政策――17

「英語化」政策は「愚民化」政策
加速する英語偏重の教育改革
「大学授業の五割を英語で」の衝撃
スーパーグローバル大学という虚妄
財界が要請する「グローバル人材」の育成
行政の場でも進む英語化
高まる英語化への懸念
「グローバル化」「ボーダレス化」というマジック・ワード

第二章　グローバル化・英語化は歴史の必然なのか――33

日本語が「国語」の地位を失う危機

第三章「翻訳」と「土着化」がつくった近代日本

第四章　グローバル化・英語化は民主的なのか——99

第五章　英語偏重教育の黒幕、新自由主義者たちの思惑

なぜ今回の英語化が最も危険なのか
言語や文化を障壁と見做す新自由主義
新自由主義の広がり
エリート階級のための新自由主義
「黄金の拘束服」と犠牲にされる国民の生活
デフレ不況はグローバル化が大きな要因
怪しい処方箋——外需獲得と外資誘致
成長戦略の疑わしさ
英語教育改革の狙い①——世界市場の奪取
英語教育改革の狙い②——グローバルな資本を呼び込む
英語偏重教育で稼ぐグローバル企業
ビジネスの論理から導かれるオール・イングリッシュ
最良の英語教師はネイティブ・スピーカー？
ＴＯＥＦＬという利権

第七章　今後の日本の国づくりと世界秩序構想――199

図表作成／マザー

第一章　日本を覆う「英語化」政策

▼「英語化」政策は「愚民化」政策

楽天やユニクロ（ファーストリテイリング）が本格的に社内の公用語を英語化したのは、象徴的な出来事だった。二〇一二年のことだ。そして、同じ年の暮れに第二次安倍晋三《あべしんぞう》政権が発足し、安倍政権は日本全体を巻き込むような形で「英語化」政策を推進し始めた。

楽天会長の三木谷浩史《みきたにひろし》氏は、安倍首相と親しく、政権との距離も近い。そして、三木谷氏は、自社の英語化を進めるだけでなく、産業競争力会議など政府の各種議員・委員として、日本社会全体の英語化政策の旗振り役にも熱心だ。

「公用語を英語とする英語特区をつくる」という提言を発表したクールジャパンムーブメント推進会議も、三木谷氏が民間議員をつとめる内閣の日本経済再生本部・産業競争力会議の下にある組織である。本書冒頭で紹介したように、「公共の場での会話は英語のみに限定」し、「販売される書籍・新聞は英語媒体とする」地域を作るというものだ。限定的な地域を対象にしたものとはいえ、社会の根底をひっくり返す実に過激な提言である。

クールジャパンムーブメント推進会議は有識者会議といった位置付けであるゆえ、提言がすぐに実現されるというものでもないのかもしれない。しかし、公共の場で日本語を話していけないなどという過激な提言が無邪気に公表され、マスコミなどからも大きな批判を受けない現状が、私には空恐ろしく感じられる。

さて、今、私の手元にはその三木谷氏が自社の英語公用語化について綴《つづ》った一冊の本がある。『たかが英語！』という書名の下にはＥＮＧＬＩＳＨＮＩＺＡＴＩＯＮ（英語化）という文字が大きく躍っている。[*1] 帯の宣伝文句はこんな具合だ。

「世界企業は英語を話す。

『英語公用語化』で、日本は復活する」

この本で彼が主張しているのは、英語化推進が楽天の海外展開にプラスに働くだけでなく、日本経済再生の切り札だということだ。三木谷氏は、経済学者の父、良一氏との対談をまとめた著作においても、「日本が第二公用語を英語にしたら、巨大なシンガポールになって、それこそ日本の経済は超強くなると思いますよ」と語っている。[*2]

だが、これは本当だろうか。日本社会の英語化を進め、英語を第二公用語とすることが、日本経済復活のカギなのか。国民みんなが英語を話すことが、日本社会が活力を取り戻すことにつながるのか。一億人あまりの人口を抱える我が国がシンガポールを目指すと、国民一人ひとりが幸福になるのだろうか。

私は、そうは考えない。

それどころか、日本の社会を英語化政策で塗り込めるのは、国家百年の計の過ちである。理由はこの一冊を通して説明するが、英語化政策は、日本の良さや強みを破壊し、日本の分厚い中間層を愚民化してしまうものなのだ。

▼加速する英語偏重の教育改革

では、実際にどんな英語化政策が推進されているのか、具体的に見てみよう。まずは教育に関わる政策から始めたい。二〇一三年一二月に発表された「グローバル化に対応した英語教育改革実施計画」では、次のような改革が提案されている。

目をひくのは、英語教育の早期化だ。小学校五年生から英語を正式教科として教えるというのだ。実施は早ければ二〇一八年度から始まる。

現在でも小学校五・六年生には、英語になじむことを目標にした外国語活動が週に一コマ、設けられていて、ネイティブ・スピーカーの指導助手とともに、英語で歌を歌う、ゲームをするなどの活動を行っているが、英語が正式教科となれば、成績もつくようになる。

そして、英語の授業を週に三コマ程度実施し、授業がない日にも昼休みの後に「モジュール」という時間を一五分設けて、聞き取りや発音の練習などを行うことが計画されている。とにかく毎日英語を学ばせることを狙っているのだ。

一方、外国語活動のほうは、小学校三年生から開始しようという計画だ。日本語の読み書きすら覚束《おぼつか》ない学齢にもかかわらずだ。

中学校の英語教育も大きく変わる。改革の重点が置かれているのは、いわゆるオール・イングリッシュ方式の英語の授業への移行だ。オール・イングリッシュ方式とは、英語の授業中は英語のみを使用し、日本語を原則的に禁止するというものだ。「生徒が英語でコミュニケーションする機会を増やす」ことが目的とされている。

このオール・イングリッシュ方式の授業は、高校ではすでに導入されていて、この授業方式の開始を中学校一年生にまで引き下げようというのだ。文部科学省の提言では、単語や文法の説明もすべて英語で行うことが望ましいとされている。小学校で英語に触れているとはいえ、ほぼ初心者と言ってよい生徒たちを相手にそんな授業を成立させるのは至極困難だ。もちろん現場の教員たちは困惑している。

英語教育の専門家の間でもオール・イングリッシュ方式の授業については問題点が数多く指摘されている（第五章参照）。そうした批判を政権は無視する形で、オール・イングリッシュ方式を拡大しようとしているのだ。

▼「大学授業の五割を英語で」の衝撃

大学教育については、さらに衝撃的なレベルでの英語化が進められようとしている。

安倍政権が発足して四ヵ月経とうとしていた二〇一三年三月一五日。安倍首相がTPP（環太平洋経済連携協定）交渉参加を表明した記者会見があった日のことだ。記者会見を済ませた首相はすぐさま官邸内の大会議室に向かい、第四回産業競争力会議に出席した。楽天・三木谷氏が民間議員をつとめる件《くだん》の会議である。

この日の会議はTPP交渉参加表明の直後ということで、必然的にグローバル化を念頭にした発言が数多くあった。下村博文《しもむらはくぶん》文部科学大臣も、大学を核とした産業競争力強化プランとして「グローバル人材の育成」を挙げ、大学の授業の英語化を早急に進めることを提案した。

その際、提出された授業の英語化の数値目標が衝撃的なのだ。一流とされる大学は、今後、一〇年のうちに五割以上の授業を日本語ではなく、英語で行うようにすべきだと言うのである。[*3]

五割という数字は重い。これでは日本の知の最先端の場から日本語を撤退させ、その分を英語に割譲するようなものだ。

大学授業の英語化は、これまでも特色のある教育プログラムづくりを目指さなくては生き残れない私立大学や公立大学の一部では進められてきた。二〇〇〇年代以降、「国際教養学部」などという名称で、英語で授業を行うことを売りにする大学、あるいは学部が増えはじめたのはご存じの通りだろう。たとえば、秋田の国際教養大学は、すべて英語で授業を行っていることで有名だ。早稲田大学国際教養学部や法政大学グローバル教養学部もすべての授業を英語化している。

しかし、内閣府や文科省が主導して進めようとしている今回の英語化は、当然ながら国立大学をも対象にした大規模なものである。そして、早くも二〇一四年度から「スーパーグローバル大学創成支援」プロジェクトとして具体的に始動した。

▼スーパーグローバル大学という虚妄

「スーパーグローバル大学創成支援」とは、「世界大学ランキングトップ一〇〇を目指す力のある、世界レベルの教育研究を行うトップ大学」（タイプA）、または「これまでの実績を基に更に先導的試行に挑戦し、我が国の社会のグローバル化を牽引する大学」(タイプB)を選び、認定した大学には一校につき最大五〇億円(一〇年間)の補助金を与える、というプロジェクトである。一〇四校の応募があったなか、二〇一四年九月に計三七校が認定された(図表1)。

補助金の配分については、英語で行う授業の割合が重視される。要するに、英語で行う授業数が多ければ、多くの補助金が配分されるというのだ。

補助金を少しでも多く獲得したい各大学は、文科省の意向に沿い、英語で行う授業の大幅増を予定している。いわゆる一流大学ほど、これに熱心だ。まるで日本語で授業をしていれば、取り残され、一流ではなくなってしまうという強迫観念にかられているかのようにも見える。

たとえば、タイプAに認定された京都大学は一般教養科目の約半分を英語で行う授業にする計画を提示している。同様に、九州大学は全授業の約四分の一の英語化を目指している。

東京大学理学部化学科に至っては、すでに二〇一四年一〇月から授業はすべて英語で行うようになっている。[*4] この英語化の経緯が実に本末転倒なのだ。優秀な留学生を海外から

図表1　スーパーグローバル大学に認定された37大学

タイプA　トップ型（年間4億2000万円〜5億円の補助）	
国立	北海道大、東北大、筑波大、東京大、東京医科歯科大 東京工業大、名古屋大、京都大、大阪大、広島大、九州大
私立	慶應義塾大、早稲田大

タイプB　グローバル化牽引型（年間1億7000万円〜3億円の補助）	
国立	千葉大、東京外国語大、東京芸術大、長岡技術科学大、金沢大 豊橋技術科学大、京都工芸繊維大、奈良先端科学技術大学院大 岡山大、熊本大
公立	会津大、国際教養大
私立	国際基督教大、芝浦工業大、上智大、東洋大、法政大、明治大、立教大 創価大、国際大、立命館大、関西学院大、立命館アジア太平洋大

多く集めるために、外国人受験生の日本語能力を問わないことにした。そうなると授業は英語で行わなければならない。留学生獲得のために、日本人学生も英語で授業を受けるはめになったのである。

しかし、ここで強調しておかなければならないのは、スーパーグローバル大学のタイプAの目標である「世界レベルの教育研究を行う」ことと、英語で授業を行うことの間には、明確な関係性は見出せない、という点だ。

当たり前のことだが、日本人は、日本語を用いる時に思考する力を最も発揮できる。英語の授業を増やすと、研究レベルで世界水準になると言えるのか。

実際日本語で授業を行っていたとしても、

日本の大学の研究者が、ノーベル賞級とされる世界最先端の研究を行って、学界の敬意を集めた例はこれまでに数多くある。二一世紀に入ってからの自然科学部門のノーベル賞受賞者数では、日本人は、アメリカ人に次いで世界第二位につけている。

逆に、アジアやアフリカの、主に植民地支配を経験した発展途上国の大学では、英語のみで授業が行われているところがたくさんある。

英語で授業を行うことが「世界最高水準の教育への道」であるならば、当然、これらの国の大学の教育・研究の水準は世界最高水準であるはずだ。しかし、実際は違う。日本の大学よりも、こうしたアジアやアフリカの大学の研究水準のほうが優れているなどという事実はない。

しかしながら、「英語化さえすれば、世界最高水準の研究や教育が実施でき、バスに乗り遅れずに済むはずだ」という奇妙な「空気」が現在の大学業界に蔓延《まんえん》している。

▼財界が要請する「グローバル人材」の育成

英語化すれば、教育・研究の水準が上がるという因果関係は見出せないにもかかわらず、英語偏重の教育改革にわが国が邁進《まいしん》するのはなぜなのか。その背後にあるのは、教育上、もしくは学術上の必要性というよりも、ビジネスの論理である。あの三木谷氏の主張を思い出してもらえばよい。

私自身もグローバル化に関する大学関係者の会議の席で、しばしば「社会からの要請」という言葉を聞く。社会からの要請と言っても、実際は、「財界からの要請」だと考えてよい。第五章で詳しく見ていくが、最近の財界の論理は次のようなものだ。彼らは言う。

「これからはグローバル化の時代だ。日本市場は、少子高齢化のため、どんどん縮小していく。それゆえ、アジアの新興諸国を中心とする海外の需要をとりに行かなければならない。外に打って出なければならない」

あるいは、次のようにも言う。

「現代は、国境の垣根が低くなるボーダレス化の時代である。これは避けられない流れだ。人材やカネを海外から積極的に呼び込んでこなければならない。そのためには、英語でビジネスが行えるようにすべきだ。日本がアジアの中心となるためには、英語化推進が必要なのだ」

背景には、日本の大企業の株式が、近年、外国資本に買われていることもあるかもしれない。日本企業の外資化はここ数年著しい。二〇一三年には、東証上場企業の株式の外資による保有率は三割を超えた。

さらに企業の経費削減という側面もある。かつて日本の大企業は、仕事で必要な知識や技能は、入社してからの研修で賄うことが多かった。だが、ここ二〇年続く不況は、大企業から体力を奪い、研修に費やす時間や予算を捻出できなくなった。ビジネスで必要な知識や技能は、大学卒業までの間に身につけるよう強い要請が出されるようになったのだ。

実際、二〇〇〇年代に入って、経済団体連合会（経団連）をはじめとする財界団体は、次々とグローバル人材の育成を教育界に迫り、要求を教育行政に反映させてきた。たとえば、経団連が二〇〇〇年に出した意見書「グローバル化時代の人材育成について」には、先述した二〇一三年の「英語教育改革実施計画」の内容の多くがすでに書かれている。

近年でも、二〇一三年に経済同友会が「実用的な英語力を問う大学入試の実現を――初等・中等教育の英語教育改革との接続と国際標準化」という提言を発表し、大学入試でのＴＯＥＦＬ必須化を求めた。これも「英語教育改革実施計画」に反映されている。

▼行政の場でも進む英語化

教育界だけではない。件の産業競争力会議が旗振り役となって、行政の場でも英語化が進められようとしている。たとえば、外国からの投資を呼び込むために、法令の英語化や、英語での行政対応（法令照会など）の拡大が予定されている。

また、ＴＰＰへの加入が決まれば、公共部門の英語化はさらに進むであろう。ＴＰＰの対象には「政府調達」（公共事業）が含まれている。現在では、国、および一部の大都市の大規模な公共事業のみ、国内企業と外国企業とを同等に扱う内国民待遇を適用しなければならないが、ＴＰＰでは地方自治体による、より小規模な公共事業にまで拡大される可能性が高い。地方自治体の職員であっても、英語での仕様書の作成や入札手続きの明記や説明が求められるようになるだろう。

こうした流れを受けて、二〇一五年度からは、国家公務員総合職試験でのＴＯＥＦＬなどの外部の英語試験活用も始まった。遠からずこの動きは、地方自治体にも広がるのではないか。

英語ができなければ公務員になれない時代はすぐそこまで来ている。

▼高まる英語化への懸念

当然ながら、最近のこうした日本社会の英語化政策には、疑問や懸念を感じる人も数多くいる。たとえば、教育に関しては以下のような疑問が表明されている。

「日本語もきちんと身についていない小学生から英語の授業を始めて、肝心の日本語やほかの教科がおろそかにならないだろうか」「大学の授業をわざわざ英語でやる必要があるのだろうか。学問のレベルが著しく低下するのではないか」

経済に関しても同様である。

「『グローバル人材』イコール『英語力』なのだろうか」「そもそも、英語力強化が、日本経済の再生につながるのだろうか」

また、日本の文化や社会の変質を懸念する声も少なくない。

「日本語を軽視する風潮が生まれ、美しい日本語が失われないだろうか」「日本文化が衰え、日本人らしさが消失していかないだろうか」「英語の苦手な日本人が肩身が狭いと感じる、よそよそしい社会となってしまわないだろうか」

しかし多くの人は、こうした疑問や懸念を抱きつつも、「グローバル化は時代の流れだから取り残されるわけにはいかない」「英語化も時代の流れだから仕方がない」と考え、産官学が一体となって矢継ぎ早に進めている「英語化」狂想曲に不安な面持ちで耳を傾けている。それが現状であろう。

▼「グローバル化」「ボーダレス化」というマジック・ワード

現代日本のように組織化された社会では、政治家や官僚、財界人が政策や方針を決定するに当たって、どのレベルでも審議が必要である。政策案や方針案を「作文」し、審議の参加者の多数派を納得させる必要がある。

その際、たとえ陳腐であったとしても、ある程度世間に流通しており、曖昧《あいまい》だが何となく良いイメージがあり、表立って反論しにくい言葉や観念は、強い力を持つ。そうした言葉、言わば「マジック・ワード」をうまく使って作文すれば、予算をとりやすいし、有権者も納得する。

だが、もし誤った言葉や観念がマジック・ワード化すると、非常にまずい事態が生じる。奇妙な政策が連発され、世のなかをとんでもない方向に導いてしまう恐れがある。

現在の日本では、「グローバル化」や「ボーダレス化」が、まさにマジック・ワードとなっている。これに関連する「グローバル人材の育成」や「多文化共生」などもそうだろう。

最近の英語化推進の政策は、これらのマジック・ワードによって正当化され、作られている。

ここまで見てきた通り、現在のグローバル化や英語化の政策は、上から、つまり政府主導の色彩が濃い。「グローバル化は時代の流れだから」「ボーダレス化は歴史の必然だから」という表現をちりばめれば、各省庁は予算がとりやすいし、政策も作りやすい。世間からも大きな批判は来ない。その結果、グローバル化を旗印とする「改革」が社会の各分野で行われ、日本人の生活を大きく変えようとしている。

だが、当然視されている「グローバル化は時代の流れだから」「ボーダレス化は歴史の必然だから」という見方は、本当に正しいのか。自明であると言えるのか。

本書では、まず、最近の英語偏重の根底にある、この見方から吟味を進めていきたい。

第二章　グローバル化・英語化は歴史の必然なのか

▼日本語が「国語」の地位を失う危機

「これからは英語の時代だ。日本語だけできてもだめだ」

日本人がこのように考えた時、日本語の地位はどうなるのだろうか。当然、土着の言語である日本語は、「進歩によって乗り越えられた、時代遅れの非合理的な存在」ということになるだろう。

ビジネスや高等教育、学問研究などの公式な場面で、これからは英語を使うことが望ましいと考えられるようになれば、英語のほうが日本語よりも「進んだ」高級で知的な言語であると日本人が見做すようになってしまうのは当然のことだ。

この問題を取り上げて大きな反響を呼んだのが、二〇〇八年に作家の水村美苗《みなえ》氏が著した『日本語が亡びるとき——英語の世紀の中で』[*1]だった。同書のなかで水村氏が懸念を示したのは、グローバル化の進展に伴う世界の英語化の波を受けて、日本語が「国語」の地位から滑り落ち、単なる「現地語」になってしまうのではないかということだった。

ここで言う「国語」とは、複雑化した近代の国家や社会を運営することができる言葉を指す。つまり、政治や経済、自然科学、文学、芸術に至るまで一通り、その言葉で思考し、論じられる言語体系のことだ。したがって、「国語」には、森羅万象や天下国家が論じられる豊かな語彙《ごい》を持ち、文法体系や正書法もきちんと整備されていることが求められる。身の回りの事柄だけでなく、抽象的かつ専門的な思考や議論も可能な言葉が「国語」なのである。

他方、「現地語」とは、知的で複雑な事象を論じることができず、もっぱら身近で日常的な事柄のみを取り扱う言語のことだ。たとえば、植民地下に置かれた人々の生活を思い描いてもらえればわかるだろう。日常生活では「現地語」、つまり地元の言葉で用を足すことができるが、役所の手続きをしたり、裁判を受けたりする場合、あるいは少し複雑なビジネスを行う際には、「現地語」では足りず、英語などの宗主国がもたらした言語を使わざるを得ない。

さらに、教育の場でも同様の事態が起きる。語彙の不足や文法の未整備などのため、「現地語」ではどうしても十分に議論したり、記録したりすることが難しい。それゆえ、「現地語」は、初等・中等教育ではどうにか用いることが可能だとしても、大学などの高等教育の場で使うには無理があるのだ。

英語が事実上の世界標準語となり、日本国内でも高度なビジネスや学問、芸術などについて話す際に英語を用いることが普通となってしまえば、日本語はしだいに衰退し、「国語」ではなくなり、「現地語」と化してしまう。日本語は、公式な場での高度な話題では使われず、もっぱら身の回りのことを家族や友人と話す時だけに用いられる言語となってしまうだろう。

▼「グローバル化＝英語化＝進歩」なのか？

このような懸念があるにもかかわらず、「グローバル化・ボーダレス化の時代だから、今後は英語を使うようになるのが当然だ」という意見は強固だ。日本国内でも英語を使用するようになるのが歴史の必然で、それこそが合理性を高める「進歩」だと言うのである。

こうした見解の奥底には、一つの「歴史のとらえ方」が存在している。それは、おおよそ次のようなものだ。

「今の国家という枠組み（日本やドイツ、フランスのような国民国家）は古い。二一世紀以降の世界では、人々は国境や国籍にとらわれず活動するようになるし、そうでなければならない。それが『進歩』なのだ」

つまり、ボーダレス化やグローバル化こそ、「時代の流れ」（趨勢《すうせい》）であり、進歩であるという歴史の見方である。

ここではこれを「グローバル化史観」と称することにしよう。この「グローバル化史観」を簡単に図式として表せば、以下のようになる。


村落共同体↓国民国家↓地域統合体↓世界政府（グローバル市場、グローバル統治）

この考え方では、人間社会の進歩とは、身近な土着の小さな社会が、より大きく普遍的な世界に統合されていく過程であると見る。たとえば、ドイツやフランスのような国民国家が、ＥＵ（欧州連合）のような地域統合体にまとめられ、やがては世界政府に至るという具合に歴史の流れを見るのである。

「土着から普遍へ」という一方通行的な過程、つまり、身近な土着の小さな社会が、より大きな社会へ、そして最終的には世界を包含する普遍的な政治的・社会的枠組みへと組み換えられていく。日本も、やがてはこの図式で言う「地域統合体」に当たる、東アジア共同体のようなものに含まれていくのかもしれない――。

日本では、多くの人がこの「土着から普遍へ」の流れこそ進歩だという一種の宿命論としての「グローバル化史観」を半ば無意識に抱いているように思う。

しかしながら、結論から言えば、実は「グローバル化史観」を鵜呑《うの》みにしてしまうと、自由民主主義や、安定した経済社会の拠《よ》って立つ基盤、つまりは近代社会そのものを台無しにしてしまう恐れがある。

ここでは少し遠回りだが、「グローバル化史観」とは何か、について考えてみたい。

▼啓蒙主義とグローバル化

二一世紀の現在、「グローバル化史観」に影響されているのは、日本人だけではない。アメリカやイギリスをはじめ、多くの国々の人々がこの見方を共有している。

その一方で、この「グローバル化史観」が正しいかどうかについて、批判的な検討を試みている研究者も少なくない。たとえばイギリスの政治学者ジョン・グレイである。

グレイは「グローバル化史観」の背後には、西洋的な啓蒙主義思想があると指摘する。[*2]

啓蒙主義思想とは、人間の理性や知性を信頼し、合理的に世界を見つめ、より良きものへと進歩させていこうとする発想だ。

啓蒙主義思想では、それぞれの社会にもとからあるいかなる慣習や伝統、文化、社会通念にも拘束されない存在を「進歩した個人」であると見做す。慣習や伝統などから一定の距離をとり、そういったものを選択の対象と見ることができることを啓蒙主義は進歩だと理解するのだ。

また、進歩した政治・経済の制度とは、土着の慣習、伝統、文化などの影響を脱し、「グローバルな普遍性」を持つに至ったものだと理解される。「進歩した個人」は、一切の土地の慣習、伝統、文化から解放されるゆえに、このような普遍的な政治経済制度のもとでこそ、最も合理的かついきいきと活動できると想定されることになる——。

このような啓蒙主義の考え方が現代人のものの見方の根底にあるため、グローバル化・ボーダレス化は、進歩へと向かう際の人類の宿命であり、「普遍的な歴史法則」だとして理解される傾向がある。グレイはそのように述べ、グローバル化・ボーダレス化と、いわゆる「歴史法則主義」との結びつきを指摘する。

そして、グレイは「歴史法則主義」が歴史を単純化する誤った見方である以上、現代の「グローバル化史観」にも疑いの目を向ける必要があると警告するのだ。

▼「グローバル化史観」という現代のドグマ――受け継がれる歴史法則主義

「歴史法則主義」とは、歴史にはあらかじめ定まった方向性があり、人間社会は、時代が進むにつれてそれを順次辿《たど》っていく、という見方のことだ。

歴史法則主義の立場をとる代表例は、かつてはマルクス主義だった。冷戦体制が崩壊するまで、啓蒙主義の代表的な思想だったと言ってもいい。

カール・マルクスの考えを大づかみに述べれば、「人類の歴史は、幾度かの革命を経て、最終的には資本主義を廃し、共産主義体制に必然的に行き着く」というものだった。「歴史は、どの地域であっても、共通して同じ発展の道筋を辿ることが法則としてすでに運命づけられている」とマルクスは論じたのである。これは社会の多様性を無視した、明らかに一面的なものの見方であった。

冷戦が終結した現代では、マルクス主義の立場をとる人は大幅に減少した。ところが、その思想の前提だった歴史法則主義的思考は根強く残った。

先に紹介したグレイは、マルクス主義の歴史法則主義的な思考は、新しい形で受け継がれ、しかも皮肉なことにそれを受け継いだのは、マルクス主義と敵対していたはずの市場経済を重視する側だったと論じている。つまり、いわゆる新自由主義者たちが歴史法則主義の相続人となったのだ。

マルクス主義では、人間社会が進歩の果てに辿り着く理想社会は、共産主義だと想定されていた。だが、冷戦終結後に台頭してきた新自由主義では、理想社会とは、アメリカ型の自由民主主義と市場経済からなる社会であると置き換えられて理解されている。

新自由主義とは、現代のグローバル化の背後にある考え方である。つまり、グレイは、グローバル化は、歴史法則主義を受け継いでいるという点で、マルクス主義の類似物だと言うのだ。

世界人類の歴史は、一つの方向、目標に向かって進んでいる。その方向を目指すことこそ「進歩」であり、「時代の流れ」だ——。

マルクス主義から新自由主義に受け継がれたこの誤った歴史法則主義が、現在の「グローバル化史観」の背後にある。グレイは、そのように分析し、「グローバル化史観」を現代のドグマ（独断的教義）だと批判するのだ。

しかも歴史法則主義は以前にまして世界中に広まっているとグレイは警告する。[*3] 歴史法則主義的思考は、かつては学界、つまりマルクス主義にかぶれた学者や政治運動家のコミユニティという比較的狭い社会に閉じ込められていたが、現代の歴史法則主義は、空港の書店の棚に並べられているようなお手軽なビジネス書のなかにもあふれかえっている。「グローバル化こそ歴史の必然的流れである。これに乗り遅れてはならない」と主張する類の言説が、あらゆるメディアを通して以前よりずっと幅広い層に届いているのだ。

▼戦後世代になじむ「グローバル化史観」「英語化史観」

「最近の若者は内向きで困る」「外に打って出ようとしない若者が多い」。このような声を年配者からよく聞く。特に、財界や官界、学界の上層部がよく口にする。団塊もしくはポスト団塊の世代の高学歴の人々だ。

彼らのほうが「グローバル化史観」を受け入れ、「グローバル化こそ時代の流れであり、進歩である」と信じやすいと言えるのではないかと思う。

戦後日本の高度経済成長の時代に育った彼らにとっては、「グローバル化史観」に含まれる啓蒙主義的要素はわかりやすい。彼らの多くは、就職や大学進学を機に、生まれ育った地域を離れ、東京などの大都市に出てきた。農業や漁業を中心とする故郷の地域産業の従事者よりも高い賃金を得て豊かになり、都会の便利で多様性あふれる暮らしを謳歌《おうか》した。

進歩とは、人間にとっても社会にとっても、身近な地域、あるいは土着の慣習を離れ、より大きな普遍的な世界のなかに入っていくことだ、そしてその先にこそ大きな果実が待っているというのは、団塊もしくはポスト団塊世代にとっては自分たちの経験に照らして真実味を感じられるシナリオなのだ。

また、「グローバル化史観」が持つ歴史法則主義も、この世代の、特に高学歴の人々にとっては、どこかなじみ深いものであるはずだ。学生運動の空気がまだ残っていた彼らの学生時代に、マルクス主義は知的ファッションとして流行していたからである。

冷戦体制が崩壊した一九九〇年代以降、マルクス主義はすっかり人気をなくしたが、新自由主義がとって代わり、人間社会の進歩の行き着く先を「グローバル市場」や「グローバル統治《ガバナンス》」に置き換えた。若い頃、マルクス主義の歴史法則主義的な思考パターンになじんだ世代には、三七頁で示した先ほどの図式はスッと腑《ふ》に落ちるものに違いない。

村落共同体→国民国家→地域統合体→世界政府（グローバル市場、グローバル統治）

つまり、政策の決定権を握る世代が「グローバル化史観」に染まっているのだ。

この「グローバル化史観」が言語に反映されたのが、「これからは英語の時代だ。英語化は時代の流れだ」という見方だと言える。国や制度が大きなまとまりに統合され、グローバルで普遍的な共通のものになっていくように、土着の言語も徐々にグローバルなものにまとめられていき、しだいに「普遍語」、つまり世界標準語としての英語が使われるようになるというわけだ。現状から見て、英語以外の言語が世界標準語になることは考えにくく、世界の英語化が進むのは必然的だととらえるのである。

こうした見方を「グローバル化史観」の言語面での現れとしての「英語化史観」と言うことができよう。

小中学校での英語教育偏重、大学の授業の英語化、企業の英語公用語化などの現在の日本の動きは、「これからはグローバル化の時代だ。グローバル化の時代は英語が標準語だ。だから日本語ではなくて英語だ」という見方、つまり「英語化史観」に強く影響されていると言ってよいだろう。

このように人間社会の歴史については「グローバル化史観」が幅を利かせ、言語に特化してみれば「英語化史観」が支配的なのが、現在の日本である。

▼近代社会の基礎を揺るがすグローバル化

だが、そもそも「グローバル化、ボーダレス化こそ『時代の流れ』であり進歩である」ということの見方は、正しいのだろうか。

マルクス主義の歴史のとらえ方が正しくなかったのと同様、「グローバル化史観」も非常に一面的な歴史のとらえ方であり、正しくない。間違っているというだけでなく、先に述べたように「グローバル化史観」を鵜呑みにしてしまえば、自由民主主義の政治や安定した経済社会が成立している基盤、すなわち近代社会そのものを根底から壊してしまう恐れがある。

なぜ、「グローバル化史観」が近代社会の基盤を破壊するような結果をもたらすのか。それを理解するヒントは、ヨーロッパにおいて近代社会が成立した歴史のなかにある。ヨーロッパにおける近代社会の成立は、言うまでもなく人類の大きな「進歩」の一つであり、「時代の流れ」を著しく進めたものだった。

しかし実は、その近代化は「土着から普遍へ」という過程の逆、つまり「普遍から（複数の）土着へ」という流れから生まれているのだ。

「グローバル化史観」や「英語化史観」の誤りを決定的に明らかにするために、ヨーロッパの近代社会の成立の過程を振り返ってみたい。

▼中世ヨーロッパを支配していた「普遍語」＝ラテン語

ヨーロッパ近代化の起点となった大きな出来事の一つに、宗教改革がある。

一六世紀前半、マルティン・ルターやウィリアム・ティンダル、ジャン・カルヴァンらは、ローマ・カトリック教会が正しく神の意志を伝えておらず堕落していると批判し、それぞれキリスト教の刷新運動である宗教改革に乗り出した。

たとえば、ルターは、当時のローマ教会が民衆に救いをもたらすとして贖宥状《しょくゆうじょう》（免罪符）を販売し、金銭的利益を得ていることなどは、聖書の精神から乖離《かいり》していると批判し、改革の必要性を訴えた。世界史の授業で習う通りだ。

一方で、宗教改革のなかではもう一つ、ある重要な運動が行われていた。それは、聖書の「土着語」への「翻訳」である。

そもそも、中世ヨーロッパでは、ラテン語が「万国共通の普遍的な言葉」として認識されていた。当時のヨーロッパにはいくつもの王国が存在し、政治的には分裂していたが、この点で宗教的・文化的には一体だったと言っていい。

カトリックは、ローマ教会を頂点とするキリスト教共同体を形成していた。ローマ教会はラテン語を公用語として扱い、聖書もラテン語で書かれたものを用いていたのだ。

誤解のないように付言すれば、聖書はもともとラテン語で書かれていたわけではない。元来はヘブライ語（旧約）やギリシャ語（新約）で書かれていたが、中世ヨーロッパでは、ウルガータ訳というラテン語の聖書を用いることが正しいとされた。ウルガータ訳の聖書は、紀元五〇〇年頃から一〇〇〇年余りの間、ヨーロッパ世界における唯一の聖書とされていたのである。

ラテン語訳が重視された背景には、もちろん歴史的、政治的な経緯がある。しかし、ラテン語という言語そのものも、聖書を伝えるのに最も適した言語と見做される理由があった。その文法や正書法が厳密に整備されていたからだ。

文法や正書法が整備されていれば、世代から世代へ、原則的に同一の形で意味を再生産することが保障できる。神の言葉たる聖書のメッセージは、不変であってほしいと強く望まれていた。そのため、正統な聖書はラテン語によるものとされたわけだ。

では、そうした言語環境のもとで形成されたヨーロッパの知的世界とは、どのようなものだったのだろうか。

▼ラテン語が庶民を知的世界から排除していた

一五世紀の終わりまで、一部の例外を除けば、信仰や知を担いうる言語はラテン語しかなかった。知識層のなかで多くを占めた聖職者の公用語がラテン語であったのだから、当然のことだ。現在でも動植物の学名をラテン語で付ける習慣があるように、文化・芸術・科学・医学などのあらゆる分野で知識はラテン語によって記された。

中世ヨーロッパの各地では、もちろん日常会話ではそれぞれの地域の言葉（「土着語」）が使われていたが、各種の公式文書には、ヨーロッパ中でほぼすべてラテン語が用いられていた。ローマ・カトリック教会の儀式や礼拝は、ラテン語で行われていた。大学の講義や議論の言語も、ラテン語だった。

聖職者や貴族、学者などの知識人は皆、ラテン語で学び、読み書きし、思考し、議論していた。特権階級や知識階級はヨーロッパ共通語であるラテン語でコミュニケーションすることができた。当時のグローバル・エリートたちだと言ってもよい。中世では、「教育を受ける」とはラテン語を学び、使えるようになることだった。「教養のある人」とは、ラテン語が読み書きできる人を意味した。

その一方で、中世ヨーロッパは、ラテン語を解さぬ者には一切の知的な情報が閉ざされた暗黒の社会だったと言ってもよいだろう。

当時の人口全体から見ればラテン語を自在に用いることができるのは、ごく少数のエリート層に限られていた。大多数の庶民層は、ラテン語を学ぶ機会はなく、各地域の「土着語」を用い、日常生活を送っていた。

当時、「土着語」は、日常の話し言葉でしかなかった。抽象的で知的な事柄を表現できる語彙もなかった。また、文法や正書法も定まっておらず、不安定であり、緻密《ちみつ》な知的議論や論述には向かないと信じられていた。

さらに、一般庶民はラテン語を解さなかったために、信仰の拠りどころであるはずの聖書すら、自分では読めなかった。当時の社会では道徳そのものだった神の言葉も、カトリック教会の助けを借りなくては聞くことができなかったのだ。

歴史神学者の徳善義和《とくぜんよしかず》氏は、この状況について、「キリスト教会は『言語』によって自らを民衆から切り離した」と表現している。[*4] 世俗に生きる庶民は、教会が提供する救いにすがっていたのにもかかわらず、教会で公式に語られ、書かれるラテン語をまったく理解できなかった。教会と一般庶民は隔絶した状況に置かれていた。

学問に関しても、一般庶民は哲学や自然科学、法律、政治などの学問の成果に触れることはできず、知的な思考や議論を繰り広げることもできなかった。庶民が、自らを知的に鍛錬することは不可能だったのだ。

「土着語」、つまり現地語を用いる庶民は、狭い身の回りの世界のことだけを考え、日々の暮らしに追われている。ヨーロッパの共通語であるラテン語を使いこなす、ごく一部のグローバル・エリートだけが知的な活動を行い、同時に政治的・経済的な権力も保持する。それが中世ヨーロッパという「格差社会」の構造だったと言えるだろう。

▼宗教改革と「土着語」への聖書翻訳

そのような状況を変える契機となり、庶民にとっての知的な「暗黒の時代」を終わらせるきっかけとなったのが、宗教改革だった。

先述したように宗教改革のなかで、ラテン語の聖書を各地の「土着語」に翻訳するという運動が生じたのだ。ルターはドイツ語に、ティンダルは英語に、そしてカルヴァンの従《い》兄弟《とこ》であるオリヴェタンはフランス語に、それぞれ聖書を翻訳している。

聖書に書かれた神の言葉を、一般庶民が直接読めるようにすること。それが、宗教者としての彼らの主目的だった。当時のヨーロッパの識字率は低く、「土着語」で書かれた文字でも読めない人々はたくさんいたが、自分が文字を読めなくても、「土着語」に翻訳された聖書が手に入れば、身近な文字の読める人に読んでもらうことはできる。

実際、ルターら宗教改革者は、聖書の言葉を庶民が直接理解できるように、なるべく平易な日常の言葉に訳すように努めていた。

ルターは、「民衆の口の中をのぞき込むように」[*5]翻訳したと語っている。一般の人々が普段の生活のなかで使っている言葉を思い浮かべ、日常の言葉から離れないように細心の注意を払いつつ翻訳に当たったのだ。

同様にティンダルは、ある聖職者に向かって次のように述べたと伝えられている。「鋤《すき》で畑を耕している少年の方が現在のあなたよりも聖書についてもっとよく知ることができるようにしてみせる」[*6]。学のない農民でも十分深い理解が得られるほど、聖書をわかりやすく翻訳してみせるというティンダルの自負心がこの言葉には表れている。

翻訳によって、各地域の一般庶民が、聖職者や教会を介さずに直接、聖書の言葉や神学的知識に触れられるようになった。このことは、おそらくルターやティンダル自身が想像した以上に、大きな変革をヨーロッパにもたらした。

▼「土着語」による知が革命を起こした

聖書の翻訳はさまざまな影響をヨーロッパ社会に与えた。

第一に、それまでの社会の権威の構造を根本から揺るがす結果を生じさせた。聖書の翻訳が中世ヨーロッパ社会の体制を解体し、近代社会を準備したと言うことができるのだ。

ローマ教会の権威は、中世ヨーロッパの道徳の根幹であり、ヨーロッパ各地の世俗権力（政治権力）の正統性の源と見做されていた。そして、ローマ教会の支配の正統性そのものは、「教会と教皇の権威は神が定めたものだから」という論拠に支えられていた。

しかし、聖書の翻訳は、その論拠を疑う力を多くの一般庶民にもたらした。聖書が翻訳され、多くの一般の人々が直接聖書にアクセスできるようになった結果、「ローマ教会や教皇の正統性は本当に神の教えから導かれるのであろうか」「ローマ教会を頂点とする現在の体制は神の意志にかなっていると言えるのだろうか」などと、権威に疑問を持つことが容易になったのだ。実際のところ、聖書に「ローマ教会に従うべし」と具体的、明示的に書かれているわけではない。

当然ながら、ローマ教会をはじめとする当時の体制側の人々は、既存の社会構造を揺るがす聖書の翻訳を快く思わなかった。ルターは、処刑こそされなかったものの、ローマ教会から破門され、すべての法の保護を解かれた。ティンダルは処刑されている。聖書の翻訳はまさに生命を賭《と》した事業だったのである。

▼「翻訳」を通じて「国語」へと発展した「土着語」

第二の影響は、おそらく宗教改革者たち自身も当初は予見していなかったことだろうが、聖書翻訳は、各地域の「土着語」の発達を大いに促した。

先ほど述べたように、各地域の「土着語」は、書き言葉として未成熟な言語で、抽象的な語彙がほとんどなく、文法も正書法も未整備だった。

宗教改革者たちは、翻訳を通じて、それぞれの「土着語」に新しい語彙を作り、文法を整備し、正書法を提案していった。ラテン語やギリシャ語、あるいはヘブライ語の抽象的な観念を、ドイツ語や英語、フランス語でも平易に言い表せるようにしていくために苦闘を続けた。宗教改革者たちの努力によって、各地の「土着語」は、宗教的諸問題、道徳、歴史など、抽象的で深遠な事柄を語ることのできる言語へと発達を遂げた。

「普遍語」で書かれた聖書を「土着語」に翻訳するという知的な営みは、ヨーロッパの各言語が「土着語」から「国語」へと発展する契機となったのだ。

「土着語」の発展は、同時に、ヨーロッパの庶民の知的世界を格段に広げる結果をもたらした。それまで身の回りの事柄しか論じられず、狭い知的世界に閉じ込められていた庶民が、高度に知的な事柄を学び、語ることができるようになったのである。

▼「土着語」の発展が庶民の自信を生み出した

最後に、聖書の「土着語」への翻訳がもたらした第三の影響を指摘しておきたい。

聖書学者の田川建三氏が強調していることだが、聖書の翻訳は、一般の人々が自分たちの言語に抱いていたコンプレックスを吹き飛ばし、彼らに自らの言語や文化に対する自信をもたらした。[*7] そしてこれは、文化の少数者支配を崩すことにつながった。

繰り返し強調しておくが、中世ヨーロッパの支配階級の正統性の源泉は、ラテン語とそれがもたらす宗教的、知的権威だった。彼らはラテン語を駆使するグローバル・エリートであり、神の言葉に触れられる者だった。したがって、当然のこととして、支配的立場に就き、経済的にも豊かになり、文化を導くことができるとされていた。

一方、「土着語」しかできない庶民は、粗野で、卑近なことしか知らず、政治的にも経済的にも文化的にも劣った、力のない存在であった。そのように庶民自身も考えざるを得ない状況に置かれていた。

そうした庶民のコンプレックスを一掃し、彼らに自信をもたらしたのが聖書の翻訳だったのだ。当時の至高の知的権威にほかならない聖書を、自分が日常使っている言葉で学び、身につけ、論じることができる。「自分たちの言葉は、決してラテン語に引けをとるものではない」という発見。これが普通の人々に、限りない自信を与えることにつながった。

それまで、「ラテン語という『国際語』『文化語』『学術語』『書物の言語』に対してひたすらコンプレックスを持ちつづけていた人々[*8]」が、ルターやティンダルら宗教改革者の聖書翻訳のおかげで、自分たちも、日頃使って暮らしているごく身近な言語を通して、最高度の道徳や知識に触れ、活動することができるという自信を獲得したのだ。

このことがヨーロッパ社会全体の活性化を促したことは想像に難くない。

▼『方法序説』は「土着語」で書かれた「挑戦の書」

宗教改革を経て、各地域の「土着語」は発展していった。抽象的な観念がラテン語、またはギリシャ語、ヘブライ語などから翻訳され、新しい語彙が「土着語」のなかに作られ、

「土着語」で知的な議論が可能となっていった。また同時に印刷技術の発展もあり、正書法も徐々に整い、「土着語」は書き言葉としての使用にも耐え得るようになった。

「土着語」が知的な言語になっていったことを示す例として、哲学などの学問の場でもしだいに「土着語」の使用が増えていったことが挙げられる。中世の哲学はラテン語で記述されるのが常だったが、近代に至ると、哲学は各地域の「土着語」で書かれ、論じられるようになっていった。

たとえば、近代哲学の幕開けを告げたとされるルネ・デカルトの『方法序説』である。「われ思う、ゆえにわれあり」という言葉で著名なこの本は、ラテン語ではなく、フランス語で書かれた。「土着語」（フランス語）で書かれた最初の哲学書だと言われている。

デカルトが一六三七年に『方法序説』をフランス語で書いたのは大いに意識的な行為だった。デカルト自身、ラテン語ではなくフランス語を用いる理由を次のように記している。

「私が、私の先生たちの言葉であるラテン語でなく、私の国の言葉であるフランス語で書くのは、まったく純粋で持ち前の理性しか使わない人の方が、昔の書物しか信用しない人よりも、私の意見をよりよく判断してくれることを期待しているからである[*9]」

この文言に表れているように、『方法序説』を書いたデカルトの狙いは、既存の学問的権威に対し疑義を申し立てることだった。

『方法序説』は、一人称を用いて知的自叙伝風に書かれた書物なのだが、そこにはデカルトが既成の学問のあり方を疑い、実社会へと飛び出した経緯が記されている。デカルトは、当時「ヨーロッパで最も有名な学校の一つ」であったラ・フレーシュ学院で「文字による学問」、つまりラテン語や古典ギリシャ語で書かれた学問を修めるが、それにはまったく飽き足りなかった。

デカルトは、哲学は、すべての学問の基礎原理を与えるもののはずだが、「数世紀ものあいだ、最もすぐれた人たちによって研究されてきたにもかかわらず（……中略……）疑わしくないものは何もない」[*10]と感じたのである。そして「学者が書斎で実際には何も生まない思弁」にふけることに価値を見出さず、「書物による学問」を捨て去り、「世間という大きな書物のうちに見出される学問」[*11]のみを追い求めることを決心して、各地を旅し、いろいろな人々との出会いやさまざまな職業を経験していく。

『方法序説』は、このようなデカルト自身の知的遍歴の記述から始まることからわかるように、ラテン語やギリシャ語などで書かれたそれまでの学問的権威を疑う、言わば「挑戦の書」という性格を持つ。

▼デカルトの戦略――「土着語」による真の知的探求

デカルトはまた、『方法序説』をフランス語で書いた理由として、一握りの学者や特権階級ではなく一般の人々に広く読んでもらい、彼らの良識に訴えかけ、その判断や検討を仰ぎたいと考えたことを挙げている。教育をあまり受けていない「女性の方々さえもが何ごとかを理解すること[*12]」を願って書いたとも記している。

実はこうしたデカルトの精神のありようは、宗教改革を経て、「普遍語」の偏重から「土着語」による文化の醸成に移行したヨーロッパで、重要な社会的変化が起こり始めていたことを強く示しているのだ。

このことは、戦前に活躍した哲学者の三木清《きよし》が看破している。[*13]

三木は『方法序説』の本質的な特徴は「『古人の書物』もしくは権威に頼ることなく、自然的な『理性』もしくは『良識』に訴へるといふことにあると述べた。つまり、既存の学問的権威への懐疑から説き起こされたデカルトの新しい哲学は、広く普通の人々に備わっている良識（理性）を基礎としていたと言うのだ。

そして三木は、この発想を「中世の封建主義から近世の民主主義への移行を語るもの」であり、民主主義の精神にほかならないと論じている。

「デカルトによると良識は万物のうち最も善く分配されてゐるものであり、理性は万人において自然的に平等である。そこでデカルトは従来の学者の貴族的な言葉を棄て、市民的生活において使はれてゐる言葉で彼の哲学を述べた。商人の言葉、婦人の言葉は、今や哲学の言葉となつたのである。総ての人間は自分自身で考へることができ、学者の意見を自由に検討することができる*14」

以上のように述べ、『方法序説』をフランス語で書いたことは、「ラテン語の、伝統の、権威の『神秘を冒瀆した』」ことであると同時に、「実に社会的な、政治的な意味を有する大きな革命」だと指摘している。

庶民の生来の言葉であるフランス語で哲学が書かれるようになったことは、誰もが平等に自分自身の言葉で物事を考えることができる時代の到来を告げる出来事だった。このことが、近代的な民主社会の基礎を用意したのである。

一般庶民であっても、日常の言葉で、容易に知的な事柄を学び、考え、論じることができるようになる。こうした状況が立ち現れてはじめて、誰もが一人ひとり平等な主体として社会に参加することが現実味を帯びてきたのだ。

▼庶民の知的世界を広げた「翻訳」と「土着化」

デカルト以降の近代の哲学者は、徐々に、ラテン語ではなく、各国語で書くようになった。ヴォルテールはフランス語、ホッブズは英語、カントはドイツ語でそれぞれ自身の哲学を展開した。当時の哲学は、自然科学まで含めさまざまな学問の基礎だったので、神学や哲学だけでなく、法律や科学などの領域でも、ラテン語ではなく「土着語」が使用されるようになっていった。

このような動きのなかで各地域の「土着語」は、ラテン語やギリシャ語からの翻訳を通じてますます新しい語彙を増やし、それまで表せなかった知的な概念や思考が表現できるようになっていく。洗練された知的思考や対話が可能な言語となっていったのだ。

同時に、従来、特権的な支配者層が独占していた神学や哲学、科学などの高等な知が、ラテン語がわからなかった一般庶民にまで広く共有されていくようになった。各国の庶民の知的世界は格段に広がったのだ。つまり、ラテン語やギリシャ語などの「普遍」だと思われていた言語を、各地域の「土着語」に翻訳し、「土着語」の観念や語彙を新しく作り増やしていく過程を通じて、当時の一般の人々の知的世界は広がり、具体的な身の回りのことだけでなく、抽象的な世界、遠く離れた世界まで思いを馳《は》せ、論じることができるようになったのである。

▼「翻訳」という知的対決が育《はぐく》む創造性

哲学者の長谷川三千子《みちこ》氏は、デカルトらの近代哲学の始祖たちが「土着語」で哲学するようになったことの意義について、さらに踏み込んだ指摘をいくつか行っている。[*15]

一つは、デカルトら哲学者が行ったラテン語やギリシャ語から「土着語」への翻訳とは、単に外来の語彙や概念をその土地の文脈に移し替えただけではないということである。翻訳作業とは、翻訳される言語と翻訳先の言語との間で綿密な概念の突き合わせが行われ、双方とも厳しい知的吟味にさらされる過程である。長谷川氏は、翻訳先の言語の文化は、翻訳元の文化との言わば知的対決を行うことになり、そのなかで自己認識を獲得し、深め、活性化されていくと指摘する。まさにその通りだ。外来の語彙や概念が触媒となり、土着の文脈が活性化され、発展し、多様化していくのである。

もう一点、長谷川氏が示唆するのは、哲学が「土着語」でできるようになったことの効用だ。本来、哲学する行為とは日常生活の身近な知と切り離せないのではないかと言うのである。

たとえば、ソクラテスがギリシャはアテナイの街角で、誰かれとなく話し相手を摑《つか》まえて哲学的対話を交わしていた時に使っていた言語は、当時の日常の言葉、つまり「土着語」だったギリシャ語にほかならない。哲学する行為の原初形態とされるソクラテスの「魂の産婆術」は日常生活の言葉でなければ成り立たなかった。長谷川氏は、本当の意味での叡智《えいち》を求める行為は、生活の現場から隔絶した中世ヨーロッパのラテン語のような「学問の言葉」では行い得ないのではないかと論じる。

私は、長谷川氏の指摘は、創造性とはいかにして生まれるかという問題にも関わってくると考える。

創造性をもたらす要因についてはさまざまな議論があるが、母語のもたらす感覚との密接なつながりは否定できない。新しく何か（理論でも、文学作品でも、あるいは製品でも）を作り出す時は、必ず、新しい「ひらめき」や「カン」「既存のものへの違和感」といった漠然とした感覚（暗黙知）を、試行錯誤的に言語化していくプロセスが求められる。このプロセスを「土着語」（母語）以外の言語で円滑に進めることは、ほぼ不可能だ。

たとえば数学者の藤原正彦氏も、数学という論理的学問でも、新しい解法を模索する際、最終的に頼るべきものは母語のもたらす感覚や情緒であると論じている。[*16]

▼「翻訳」と「土着化」こそが近代化の原動力

宗教改革や近代哲学の創成期に焦点を当てつつ、ヨーロッパの近代社会の成立について見てきた。これまでの議論を振り返ってみると、近代社会の成立の一つの側面が浮かび上がる。すなわち、次のような過程がヨーロッパに近代社会をもたらした大きな契機だった。「普遍」と目されてきたラテン語で記された多様な知が、「土着語」に翻訳される作業を通じて、吟味のうえ、各地域の文化のなかに位置を得て受容される。言わば「土着化」される。この「翻訳」、および「土着化」のプロセスを通じて、各地域の文化は活性化され、多様化していく。

また、「普遍」とされていた知が、「翻訳」と「土着化」のプロセスを通じて、既存の慣習や生活様式に何らかの形でうまく接合される限り、各社会は、それぞれの知の伝統的蓄積を引き続き用いることもできる。そこでは、人々が、多様で高度な知に大きな格差なくアクセスし、それに基づいて活動できるようになる。つまり各社会の人々にとってなじみやすい、各社会の文化に根差した多様性あふれる新しい社会空間が形成されることとなる。

このような社会空間を持つに至ったところでは、多数の人々が社会に参加しやすくなる。自己の認識を拡大し、創造性など各種の能力を磨き、発揮できるようになる。

結果的に、新しく登場した各地域の「土着語」の社会空間に、それまで知的な世界から排除されていた庶民の力が結集し、これまでにない大きな活力が生じることとなる。結集されたこの活力こそが、ヨーロッパの各社会に近代化をもたらした原動力だったのである。

▼「普遍語」(英語)の偏重は中間層を愚民化する

したがって、「グローバル化史観」のように、近代化、あるいは進歩を「土着から普遍へ」と一方通行的に描くのには大いに疑念が湧《わ》く。また、「グローバル化史観」の言語版とでも言うべき「英語化史観」の妥当性も疑問である。

人類の進歩の最も大きな段階と言ってもよいヨーロッパの近代社会の成立を振り返れば、

むしろ「普遍的」でよそよそしい知を、各国・各地域の日常生活の言葉に翻訳し、それぞれの生活の文脈に位置付けていく過程、言わば「普遍から複数の土着へ」という過程こそが、近代社会の成立を可能にしたものだと描けるからだ。「翻訳」と「土着化」のプロセスを通じて、それぞれの国の一般の人々がなじみやすく参加しやすい、また自信を持って活力や創造力を発揮しやすい各国独自の社会空間を作り出す。近代化のカギとはそこにあったと見るべきなのだ。

そうだとすれば、現在の「グローバル化史観」、つまり「グローバル化・ボーダレス化こそ時代の必然的流れ」であり、進歩であるという見方はまったく正しくないのである。

また、グローバル化の流れのなかで日本のような非英語圏で「国語」の「現地語化」が進めば、宗教改革以前の社会のように「普遍語」(現在は英語)を話す特権階級と、各地の「現地語」を話す一般の人々との間の知的格差が復活し拡大することになる。

「グローバル化史観」「英語化史観」の行き着く先とは、ごく一握りのエリートが経済的にも知的にも特権を握り、それ以外の大多数の人々は、社会の中心から締め出され、自信を喪失してしまう世界にほかならない。グローバル化の果てにあるのは、たとえばアメリカの「ウォール街を占拠せよ」の抗議運動で主張されたように、超富裕層が一国の富の大部分を手に入れ、残りの圧倒的多数が貧困や不自由にあえぐ格差社会である。

　現在のグローバル化・ボーダレス化の流れは、近代化どころか「中世化」、つまり反動と見るほうが適切だと言える。

「グローバル化・ボーダレス化こそ進歩だ」「日本でも英語使用が増えていくのは必然的な時代の流れだから仕方がない」と思い込んできた人々には、ぜひもう一度、その妥当性や是非を考え直してみてほしい。

　各国・各地域の特性を度外視し、唯一の制度や言語に支配された「統一された地球」は、私たちにとって住みよい世界なのだろうか。そんな世界で、私たちは本当に自らの能力を磨き、発揮し、いきいきと政治や社会に参加できると自信を持って言えるのだろうか。

　日本の社会が英語化してしまえば、多くの人々が社会の重要な場から締め出され、知的成長の機会を奪われ、愚民化してしまうに違いないのだ。

　実は日本の社会は、すでに歴史上のある一時期、国を挙げてこの問題に向き合った経験がある。それは明治維新直後のいわゆる文明開化の頃だ。

　次章では明治日本で先人が交わした議論を追いながら、母語と近代社会との関係をさらに検討していこう。

第三章　「翻訳」と「土着化」がつくった近代日本

▼日本を近代化するには英語か、日本語か？——森有礼《ありのり》の「日本語廃止論」

これからの日本が世界に負けない国づくりをするには、英語を重視しなければならない。初等教育から学校では英語を教授（使用）言語とし、政府機関で用いられる言語も英語にすべきである——。

これはある有力政治家の主張だが、最近の新聞から引いたものではない。およそ一四〇年前の一八七〇年代に展開された議論である。今で言うところの「英語公用語化論」が、明治初期にすでになされていたのだ。

明治の「英語公用語化論」の急先鋒《きゅうせんぽう》だったのは、のちに初代文部大臣もつとめた森有礼だった。

森有礼は、日本の近代化は日本語では難しい、近代化して欧米列強に負けない国づくりを行っていくためには英語で国づくりを進めていかなければならないと考え、日本語廃止論にまで踏み込んだ極端な主張を繰り広げた。その主張は、世界と伍《ご》していくために、政府内では日本語の使用をやめ、英語で政務万事を執り行うべし、というものだった。

なぜ、森有礼はこれほどの極論を真剣に主張していたのだろうか。実は、現代の英語化推進派の主張に比べると、森有礼の主張のほうがはるかに深い危機感から発したものだった。というのは、明治初期の日本語には、欧米列強のような近代国家を建設していくために必要な語彙が、まだまったくと言っていいほど存在していなかったからだ。

たとえば、本書でもよく登場している「社会」「近代」「経済」という単語。これらはそれぞれ、明治初期に日本語のなかに生まれた言葉であり、それ以前には存在しなかった。

欧米列強に日本が文明国だと見做されず、不平等条約を結ばされているなか、明治新政府には欧米でも通じる法体系を確立し、政府の各組織を整えていくことが求められていた。近代日本の体制を早急に整えなければ、日本も他の非欧米諸国のように植民地化されてしまうかもしれないという焦りも募っていただろう。そのためには、欧米で用いられていた、近代社会の諸相を表すような概念を手っ取り早く扱えるようにしなければならない。

そこで森有礼は、日本語を公用語として使用すること自体をやめてしまい、公《おおやけ》の言語を英語に統一することでそれを実現すればよいと主張したのだ。

▼外国人から上がった「英語公用語化」反対論

森有礼は、日本は英語で近代化すべきだという構想を、さまざまな場面で主張した。

欧米への留学を通じ、英語を努力して身につけた彼は、欧米の言語学者などの知識人に自分の見解を書いた英文の手紙を送り、彼らの意見を求めた。

政治、学問、軍事をはじめ、あらゆる分野で欧米の「進んだ」文化をとり入れようという気運が高まっていた当時としては、欧米の知識人が日本の「英語公用語化論」に賛成していると主張できれば、実に心強い後ろ盾となったことだろう。

ところが、森有礼からの手紙を受け取った欧米の識者たちは、彼の急進的な主張に反対し、たしなめるような返事を送ってきたのだ。たとえば、イェール大学教授ウィリアム・D・ホイットニー。ホイットニーは、アメリカ言語学協会の初代会長であり、有名な『センチュリー・ディクショナリー』の編者でもあった。

森有礼はホイットニーへの書簡で、次のような主張を展開した。[*1]

日本語は文法的に不十分な言語である。語彙も少なく、知的な概念は、漢語、つまり中国語の助けを借りないと論じることができない。したがって、日本語は近代化を成し遂げるには向かない不完全な言語である。

そして森有礼は英語による近代国家建設を主張するのだが、興味深いことに、当時欧米で話されていた普通の英語を導入するのではなく、その「簡易版」とも言うべき言葉を使いたい、という構想を記している。英語は、発音と綴りが一致しないところが多く、外国人が学びやすいように言文一致をなるべく目指してほしいと望んだのである。

英語にも改革を求めたうえで、森有礼は、簡易化され、学びやすく改められた英語によって日本の近代化を図ると主張した。小学校から大学まで教育は、英語で行われるべきだ、国家の制度も英語による運営がなされるべきだ、と述べたのである。

ところが、意見を求められた当のホイットニーは、英語による日本の近代化について否定的な回答を示した。むしろ、森有礼の勇み足を諫《いさ》めるような返答をしたのだ。

▼まず母国語を豊かにせよ

ホイットニーからの返答は、おおよそ次のようなものだった。[*2]

母語を棄て、外国語による近代化を図った国で成功したものなど、ほとんどない。しかも、簡易化された英語を用いるというのでは、英語国の政治や社会、あるいは文学などの文明の成果を獲得する手段として覚束ない。そもそも、英語を日本の「国語」として採用すれば、まず新しい言葉を覚え、それから学問をすることになってしまい、時間に余裕のない大多数の人々が、実質的に学問をすることが難しくなってしまう。その結果、英語学習に割く時間のふんだんにある少数の特権階級だけがすべての文化を独占することになり、一般大衆との間に大きな格差と断絶が生じてしまうだろう。

まさに、ホイットニーが懸念したのは、前章で見たラテン語から「土着語」への知識の「翻訳」の努力を通じてヨーロッパの庶民が享受した知的な進歩への道を、日本人が自ら閉ざしてしまうのではないかということだったのだ。

さらに、ホイットニーは次のように述べ、森有礼に日本語による近代化を勧めている。

「たとえ完全に整った国民教育体系をもってしても、多数の国民に新奇な言語を教え、彼らを相当高い知的レベルにまで引き上げるには大変長い時間を要するでしょう。もし大衆を啓蒙しようというのであれば、主として母国語を通じて行われなくてはなりません」

そしてホイットニーは、日本文化の「進歩」のなかには、「母国語を豊かにする」ことが含まれなければならないと説いた。豊かになった「国語」こそ、日本の文化を増進する手段であり、それが一般大衆を文化的に高めることにつながるというのである。

お雇い外国人ダビッド・モルレーも、森有礼の「英語公用語化論」に否定的見解を述べている。[*3] モルレーは、教育とは、前世代までの伝統の蓄積に立って行われるべきものであり、まったく新しい基礎の上に成り立つものではない、と指摘した。つまり、いくら日本社会の革新を断行するとは言っても、前世代までの人々が築き上げてきたものをすべて否定し、無視してしまい、それとは断絶した形で、まったく新しい知識体系を他所から輸入することは、実際問題としてあり得ない、ということだ。

そしてモルレーは、教育政策を考えるうえで、変えてよいものと変えてはならないものがあるが、教育で用いる言語は最も変えてはならないものの一つである、と断言した。

また、モルレーは、ある国において普通の人々が用いている日常の「国語」を用いないのであれば、その国に教育が普及することなどあり得ないと指摘し、次のように述べた。

たとえ明治初期の今、日本語で西洋の学問を講じるのが難しくとも、将来は日本語で教えられるようにならなければ、全国に教育が普及するには至らない。将来は日本語で教えるように改めなければならない。モルレーは、そう論じたのである。

▼高等教育のための語彙がなかった明治初期の日本

ここで、明治はじめの高等教育の状況を見ておこう。たとえば日本初の大学である東京帝国大学や旧制高校での授業は、おおよそ外国語で行われていた。

そもそも、一八七〇〜一八八〇年代当時は、日本語で書かれた教科書が存在しなかった。西洋の学問を修めた日本人もほとんどおらず、日本語で教えられる教師がいない。教師の多くはお雇い外国人だった。

しかも、森有礼が主張しているように、日本語の語彙はまだ少なく、ヨーロッパの学問が持つ抽象的な概念を語ることが困難だった。

その結果、明治の最初期の知識人、たとえば岡倉天心や内村鑑三、新島襄《じょう》などは、ほとんどすべての学問を英語で学んでいた。

必然的にと言うべきか、この世代の知識人は、英語が非常にうまかった。比較文学者の太田雄三氏は、著書のなかでこの世代を「英語名人世代」と称している。[*4]

英語名人世代の知識人の文章は、日本語で書かれたものも優れているが、英語で書かれたものも、英米人が読んでも驚くような名文であることが多い。

現在でも海外の日本研究者や愛好家に広く読まれている、岡倉天心の『茶の本』や内村鑑三の『代表的日本人』はすべて英語で執筆されているが、その内容もさることながら、非常に格調高い英文で書かれていることも評価が高い理由だろう。

内村鑑三は、留学から日本に帰ってきた後でも、知的な文章を書く時は英語のほうが書きやすかったという。同世代の津田梅子（彼女の場合、七歳で渡米したため、初等教育から英語で学んでいる）は、帰国後しばらくは日本語をすっかり忘れてしまい、ほとんど会話すらできなかった。こうした英語名人世代の時代は、一八八〇年代の初頭まで続いていた。

森有礼のような「英語公用語化論者」にとって、英語名人世代の知識人の姿は、英語が達者な者こそ知識人であり、知的な作業は日本語では不可能と主張するための論拠であった。一方で、モルレーはこれを「過渡的な状況」ととらえた。そのような見地に立てば、英語名人世代はむしろ、近い将来、日本語で欧米の知識を学ぶ時代を迎えるための橋渡し役の人々であると映っただろう。

▼日本語による「文明開化」を信じた福沢諭吉

現在の日本社会では、政財界から教育界までさまざまな分野で、発言力を持つ人々の多くが英語化推進に傾いているかのように見えるが、明治初期の森有礼の「英語公用語化」論に対する日本の識者の反応はどのようなものだったのだろうか。

たとえば、福沢諭吉は「明治七年六月七日集会の演説」で次のように述べている。

「森有礼氏の如《ごと》きは（……中略……）西洋流のスピーチュは西洋語に非《あら》ざれば叶わず、日本語は唯《ただ》談話応対に適するのみ、公衆に向《むか》って思う所を述《の》ぶべき性質の語に非《あら》ず云々《うんぬん》など反対するゆえ、余は之を反駁《はんばく》し、一国の国民がその国の言葉を以《もっ》て自由自在に談話しながら公衆に向て語ることが出来ぬとは些少《さしょう》の理由なきのみならず、現に我国にも古来今に至るまで立派にスピーチュの慣行あり、君は生来寺《せいらい》の坊主の説法を聴聞《ちょうもん》したることなきや、説法を聞かずとならば寄席の軍談講釈にても滑稽落語《こっけいばなし》にても苦しからず、都《すべ》て是《こ》れ一人の人が大勢《たいぜい》の人を相手にして我が思う所を述るの法なれば、取りも直さずスピーチュなり」[*5]

西洋流のスピーチをするのに西洋語でなければ無理だと言う森有礼に向かって、君は寺の坊主の説教も、寄席の軍談も落語も知らんのか、あれこそスピーチではないかという批判は、ユーモラスではあるが痛烈なものだ。

さらに福沢諭吉は、『学問のすゝめ』のなかで、次のように記している。

「書生が日本の言語は不便利にして文章も演説も出来ぬゆえ、英語を使い英文を用いるなぞと、取るにも足らぬ馬鹿を言う者あり。按ずるにこの書生は日本に生れて未だ十分に日本語を用いたることなき男ならん。国の言葉は、その国に事物の繁多なる割合に従って次第に増加し、毫《ごう》も不自由なき筈のものなり。何はさておき、今の日本人は今の日本語を巧みに用いて弁舌の上達せんことを勉《つと》むべきなり」*6

ここでは森有礼と名指ししてこそいないものの、「書生」が誰を指すかは当時の読者には明々白々だっただろう。日本語は不便だから英語を用いるなどと「取るにも足らぬ馬鹿を言う」とは、先の演説よりもさらに厳しい調子だ。うまく演説できないのは日本語のせいではなく、この男の日本語能力の問題だ。日本人ならば日本語を巧みに用いて、うまく弁舌をふるえるように努めるべきだと言ったのだ。

ご存じのように、慶應義塾を立ち上げた福沢諭吉は、決して英語学習そのものに批判的だったわけではない。英語を学ぶことの重要性は自らも強調してはばからなかったが、そんな福沢諭吉でも、英語の「公用語化論」は一刀両断に斬《き》って捨てたのである。

ここでもう一つ福沢が示唆していたのは、一国の言葉は、その国の文化が発展するにしたがって自然に増えていくということだ。また、一人ひとりが日本語能力を磨くことによって、日本語は発展していくはずだ、そうするように努めなければならない。一国の文化が進歩するにしたがって、語彙も増え、言語も発展していく。そのつながりを、福沢は明確に意識していたのである。

▼英語化の罠《わな》を見抜いていた馬場辰猪《たつい》

福沢諭吉のような知名度はないが、森有礼の「英語公用語化論」に対して、建設的な方法で批判を行った人物もいた。

慶應義塾の福沢のもとでも学んだ自由民権運動家、馬場辰猪である。その批判は、現代の目から見ても非常に説得力のあるものなので、ぜひ紹介しておきたい。

馬場辰猪は、土佐藩の留学生としてイギリスに留学した経験を持ち、非常に英語が達者だった。先に述べたように森有礼も英語が得意であり、「英語公用語化論」も英語で訴えたが、馬場辰猪もこれに英語で反駁している。

馬場辰猪が森有礼に反対を表明したのは、ロンドン在住の時で、その方法は非常にユニークなものだった。何と馬場は、英語で日本語の文法書を著《あらわ》し、イギリスの出版社から出版したのだ。それはなぜか。

実は前出のホイットニーへの書簡に限らず、森有礼はことあるごとに、「日本語にはまともな文法がない」と批判していた。馬場はこれに反発し、日本語の文法を体系的に示すことで、日本語にもきちんとした文法があると主張したのである。

この時、馬場が出版した『日本語文典』（*An Elementary Grammar of the Japanese Language: With Easy Progressive Exercises*）の序文には、出版の意図とともに、森の「英語公用語化論」に対する批判が展開されている。[*7] この批判は、現代の英語化推進派への反駁としても十二分に通用する本質的な指摘である。馬場の主張は、主に以下の四点であった。

第一に、英語学習には大変な時間がかかり、若者の時間の浪費につながりかねない。英語は日本語と言語学的に大変異なった言葉である。それゆえ、日本人の英語学習は非常に骨が折れ、時間がかかる。なすべきこと、学ぶべきことの多い若者の時間が、無駄に費やされる恐れがある。

第二に、英語を公用語化すれば、国の重要問題を論じることができるのが、一握りの特権階級に限られてしまう。

英語学習は困難かつ多大の時間を要するため、英語に習熟できるのは、国民のごく一部の有閑階級に限られる。日々の生活に追われる大多数の一般庶民が英語に習熟することは非常に稀《まれ》だろう。

したがって、国の諸制度が英語で運営されたり、政治や経済に関する知的な議論が英語でなされたりするようになってしまえば、国民の大多数は、天下国家の重要問題の論議からまったく切り離されてしまう。近代的な国づくりに国民のごく一部しか関われないことになる。これでは、国民すべての力を結集し、欧米列強に伍していく国づくりを行うことなどできない。

第三は、英語の公用語化が社会を分断し、格差を固定化するという問題だ。国の重要問題から庶民を切り離すこととなるだけでなく、英語が話せるか否かが経済的格差につながり、豊かな国民と貧しい国民との間の断絶を生む可能性がある。果たして、それが近代日本の目指すべき国家の姿であろうか。

第四の問題点は、英語を公用語化すれば、国民の一体感が失われてしまうのではないかという懸念である。

馬場は言う。今の英領インドを見よ。英語を話すインド人と、インドの言葉を話すインド人との間には、「共通の思想も感情も存在しない」。母語による共通の国民教育を実施する方法をとらない限り、インドで見られるような国民の一体感の欠如は日本でも必ず生じるであろう。

以上の四つの問題点を指摘したうえで馬場は、次の言葉で文章を締めくくっている。

「すでにわれわれの掌中にあり、それゆえわれわれすべてが知っているものを豊かで完全なものにすべく努めるほうが、それを捨てさり大きな危険を冒してまったく異質の見知らぬものを採用するよりも望ましい、とわれわれも考えるのであります[*8]」


馬場は、自ら日本語の文法書を英語で出版してみせ、日本語の文法には外国人にもきちんと説明できるほど、しっかりした体系や構造があることを示した。

では、欧米の諸言語と比べて近代的国家建設のために現状で足りないものは何か。それは「語彙」だろう。ならばそれを補い、日本語を「豊かで完全なものにすべく努める」べきではないか。日本語を捨て去り、英語で近代化する危険を冒す必要はない――。

馬場のこのような議論と認識を同じくする人々が、創意工夫を重ね、やがて近代の日本語に必要な語彙をさかんに生み出す活動を展開することになっていく。森有礼の「英語公用語化論」は大勢の支持を集めることなく、日本社会は森有礼の提案とは別の道を選択することとなったのだ。

そして代わりに行われたのが、欧米諸語からの翻訳を懸命に行い、新しい語彙や観念を土着化、つまり日本語のなかに適切に位置付けていくという作業だった。

▼学術用語「翻訳鋳造」の苦心惨憺《さんたん》

欧米のさまざまな概念を日本語に導入し、高等教育に至るまで日本語で行えるようにしようという努力が、しだいに各分野で行われていった。

たとえば、法学者の穂積陳重《ほづみのぶしげ》は、大正初期に出版された著書『法窓夜話』のなかで、次のように記している。


「現時用いている法律学の用語は、多くはその源を西洋の学語に発しておって、固有の邦語または漢語に基づいたものは極めて少ないから、洋学の渡来以後、これを翻訳して我邦の学語を鋳造するには、西学輸入の率先者たる諸先輩の骨折はなかなか大したものであった」

「蘭学者がその始め蘭書を翻訳したときの困難は勿論非常なものであったが、明治の初年における法政学者が、始めて法政の学語を作った苦心も、また実に一通りではなかった。就中《なかんずく》泰西法学の輸入および法政学語の翻訳鋳造については、吾人は津田真道、西周、加藤弘之、箕作麟祥の四先生に負うところが最も多い[*9]」

穂積によれば、明治一〇（一八七七）年前後に日本語で西洋の法律を説明することがかろうじて可能になった。しかし、明治二〇（一八八七）年頃までは、法理論を日本語で講じることはまだ「随分難儀の事」だったと述べている。

穂積が東京大学の講師になったのは明治一四（一八八一）年であるが、当時は、法律をはじめだいたいどの教科でも、授業には英語やドイツ語などの外国語が用いられているという有様だった。次のように穂積は回想している。

「それ故、邦語で法律学の全部の講述が出来るようになる日が一日も早く来なければならぬということを感じて、先ず法学通論より始めて、年々一二科目ずつ邦語の講義を増し、明治二十年の頃に至って、始めて用語も大体定まり、不完全ながら諸科目ともに邦語をもって講義をすることが出来るようになったのであった。[*10]」

それまでの間、さまざまな努力が重ねられた。たとえば「法学をナショナライズするには、用語を定めるのが第一の急務である」と穂積は明治一六（一八八三）年頃から仲間の法学者たちと法律用語の選定会を週に一度、重ねていた。そして外国語を一切使用しない講義を目指し、法学部に別課を設けてすべて日本語で授業をすることも試みた。

穂積が法学分野について語ったように、他の学問分野でも、一八九〇年代前半、つまり明治半ばまで、日本語の学術用語を「翻訳鋳造」する努力が精力的に行われた。

大正生まれの国文学者で、国立国会図書館の副館長もつとめた齋藤毅《つよし》によれば、多くの学術用語はその頃までに徐々に定まり、それがしだいに一般国民の間にも根を下ろしていったという。その後、中国などの漢字を用いている東洋諸国にも、日本人が作った翻訳語が輸出されていくことになったのである。[*11]

▼大槻文彦《おおつきふみひこ》の『言海《げんかい》』への想い――国語辞書は近代国家存立の礎

このように日本語の学術用語の多くがしだいに定まっていったのだが、それを象徴するような書物がある。

一八八九〜一八九一年に出版された、日本初の本格的国語辞典『言海』である。

同書を編纂《へんさん》した大槻文彦は、仙台藩士の洋学者の家系に生まれ、幕末の教育を受けている。しかし、文部省から国語辞書の編纂を命じられ、一〇年以上の苦労を経て、ほぼ独力で『言海』を出版するに至った。

この大槻文彦の辿った道を俯瞰《ふかん》してみると、日本語の語彙が豊かになり、近代国家の建設にふさわしい言葉として整備されていった過程と、近代的な国民意識との間に、強い結び付きがあることがわかってくる。

もともと、大槻文彦は国学や文学を研究する学者肌の人物だったわけではなく、むしろ政治青年だった。若い頃の興味は、主に国境線の画定に注がれていた。『言海』の編纂に取り組む以前には、小笠原諸島などの南洋諸島、あるいは蝦夷《えぞ》（北海道）の国境線の画定はどうあるべきかという詳細な解説書を出版している。日本人という国民意識を持ち、領土の画定に関心を持っていたのだ。

のちに文部省に入省した大槻文彦は、当時の上司であった西村茂樹に、国語辞書の編纂を命じられる。

一九世紀半ばから、欧米諸国では、国語辞書の編纂がさかんだった。近代国家には、きちんとした文法体系を持った「国語」がなければならない。またその証《あかし》としての国語辞書がなければならない。それが西村や大槻が辞書編纂に意欲を燃やした動機だった。

イギリスにはオックスフォードの辞書があり、アメリカにはウェブスター、フランスにはリトレの手による立派な辞書がある。日本も同様の辞書を持たなければ、近代国家とは言えない。それがなければ、日本の学問や文化も栄えないと、大槻たちは考えていた。

領土と同じく「国語」の存在が、近代国家としての日本の存立に欠かせないものだととらえられていたのである。

大槻文彦の優れた伝記『言葉の海へ』を書いた高田宏氏によれば、大槻は、伊藤博文が政治の世界で尽力しているような近代的国づくりを、自分は文学の世界でするのだという強い意志を持っていたという。[*12]

大槻文彦は、「国語」の意義について次のように論じている。

「一国の国語は、外に対しては、一民族たることを証し、内にしては、同胞一体なる公義感覚を固結せしむるものにて、即ち、国語の一統は、独立たる基礎にして、独立たる標識なり」[*13]

『言海』や、それを改訂し、大槻文彦の死後に出版された『大言海』には、当時、次々と生み出されていた翻訳語が、数多く見出し語として収録されている。

『言海』は非常によく売れ、当時のベストセラーの一つとなった。近代的な「国語」、つまり近代的な語彙を数多く持ち、政治や経済から自然科学、文学、芸術に至るまで天下国家・森羅万象を論じられる言語に、日本語は「進歩」していったのである。

▼「邦語教育」こそ国民精神の独立の要――早稲田大学の建学理念

高等教育の日本語化に向けての努力という点に関して、もう一点触れておきたい。東京専門学校、つまり現在の早稲田大学の建学の理念である。その一つは、「邦語による教育」、つまり日本語での授業を行うことだった。[*14]

東京専門学校の設立は、一八八二年だが、この時、大隈重信《おおくましげのぶ》の親友で、大隈とともに学校の創設に深く関わった法学者の小野梓《おのあずさ》は、開校式の演説で、次のように「学問の独立」こそ国家の独立の礎であるとし、その重要性を説いた。

「一国の独立は国民の独立に基ひし、国民の独立は其精神の独立に根さす、而して国民精神の独立は実に学問の独立に由る[15]」

国民精神の独立の礎となる学問の独立を実現するために、東京専門学校がとりわけ重視し、開校理念の一つとしたのが「邦語による教育」だった。小野梓は、開校式の演説を次のように続けている。

「外国の文書言語に依て我が子弟を教育し、之に依るにあらざれば高尚の学科を教授するを能はざるが如きは、又是れ学者講学の障礙を為すものにして、学問の独立を計る所以の道にあらざるを知るなり、夫れ人類の智力は限あり、万象の学問は窮なし、限あるの智力を以て窮なきの学問を講ず、始終これに従事するも猶ほ且つ足らざるを覚ゆ、然るを今ま外国の言語文書に依て之を教授せば、之が子弟たるもの勢ひ学問の実体を講ずるの智力を分て之を外語の修習に用ゐざるを得ず、以て大に有用の時を耗ひ、中途為めに講学の勢力を疲らし、所謂る諸学の薀奥を極むるの便利を阻碍するに至らむ、是れ豈に学問の独立を謀る所以の道ならむや[16]」

外国語によってでなければ専門教育を施すことができないということであれば、学問の独立は果たせない。外国語学習にかなりの時間や労力を費やさなければならないということは専門を極めるうえで障害となる。これでは学問の独立も覚束ない。小野梓は、日本語での授業によってこの障害を克服することが、東京専門学校の設立趣旨だと述べたのだ。

大隈や小野とともに、東京専門学校の設立に深く関わり、「邦語による教育」という理念の発案者だと自認する政治学者の高田早苗は、自伝のなかで当時の様子を回想している。

「其時分の東京大学即ち私の母校では、日本人の教師までも教場で英語を使ひ、教科書は固より英書を用ひて居たのであるが、今度早稲田で学校を開くとなれば、翻訳的であつても構はないから、日本語で講義して学生に筆記させ、それが纏つたらば訂正して教科書を作り、何処までも日本語でやつてのけたい。然うすれば学問する時間も大いに短縮されるし、又日本人としてはそれが当然のやり方であつて、日本人が英語で講義をし、英語で学問するといふのは面白からぬ事である」[*17]

高田の言葉にあるように、東京専門学校では「邦語による教育」を実現するため翻訳を重視した。一八八六年に、東京専門学校出版部（現在の早稲田大学出版部）を創立し、講義録の出版を始め、一八九五年に外国の専門書の翻訳出版や日本人の手による研究成果の出版を目的とする「早稲田叢書」を創刊した。

高田自身が執筆したと言われる「早稲田叢書出版の趣意」は、次のような文章で始まり、東京専門学校の建学理念である「邦語による教育」の必要性を確認している。

「按ずるに学問は何れの国に於ても其国の語によりて学ぶ可きものなり〔。〕英人は英語を以て仏人は仏語を以て独逸人は独逸語を以て学問を為し又現に為しつゝあるは言を俟たず[*18]」

高田はこの文章のなかで東京専門学校創立以来の十数年を振り返り、「邦語を以て専門学を教授するの結果は外国語を以てするに比し毫も劣ること無きのみならず反つて良好なり[*19]」と、「邦語による教育」の成果を誇っている。

早稲田叢書の最初期五年間は翻訳書一五点、日本の学者による著作は五点の刊行だったが、次の五年間は日本の学者による著作は一三点と増加した。日本語に基づく高等教育や研究が軌道に乗り始めた証左である。

▼明治の近代化成功のカギは日本語の発展にあった

以上、見てきたように、日本の近代化の初期においては、「英語公用語化論」も語られた一方、母語の役割を巡る議論を経て、むしろ翻訳の努力によって日本語を豊かにし、近代国家の基盤たる「国語」として整備していくという道も示された。

そして、明治日本が選択したのは後者だったのだ。

そのようなプロセスを経るなかで、大槻文彦が看破したように、日本人の国民意識が醸成され、世界のなかで日本国民として立つというイメージを、日本人自らが持つことができるようになった。

改めて考えると、言語面から見た日本の近代化は、前章で見たヨーロッパの近代化と極めてよく似ていることがわかるだろう。

ヨーロッパ諸国は、ラテン語という「普遍」だと思われていた言語を、それぞれの母語に「翻訳」した。そして、知的な観念を「土着化」することを通じて、各国の言葉で運営される公共空間を作り出し、そこに多くの人々の力が結集され、近代化を成し遂げた。

明治日本の場合も、「普遍」的で「文明」的だと思われた英語など欧米の言葉を、日本語に徹底的に翻訳し、その概念を適切に位置付けていくことによって日本語自体を豊かにし、一般庶民であっても少し努力すれば、世界の先端の知識に触れられるような公共空間を形成した。これによって、多くの人が自己の能力を磨き、発揮し、参加することのできる近代的な国づくりが可能となり、非欧米社会ではじめて近代的国家を建設できたのだ。

日本語による近代化がうまくいった事情について、先に触れた齋藤毅は、日本語の改良や開発について次のように記している。


「新しい学術上の知識や文物制度に関する知見を、限られた階層の独占にゆだね、教育というものをひとにぎりのエリートのものと考えるかぎり、日本語の改良とか開発ということは、まったく不要なことであったかもしれない。（……中略……）

一見迂遠にみえるけれども、そうすること（筆者注・日本語の改良や開発）が、日本の文運を隆昌に赴かせ、日本の独立と繁栄をもたらす最も近い道であった。新しい文物と学術上の知識が、閉鎖的な階層に独占されなかったということが、よかれあしかれ日本の今日の繁栄を招いたということは、おおむね肯定してよいであろう」[20]

一つ間違えれば、国の独立の維持すら危うかった明治の日本は、英語の公用語化論を退け、日本語による近代化を選んだことで、危機の時代を乗り切った。

英語化を叫ぶ現代の政治家たちは、英語化の道を進んだ先に、何が待ち受けているのか理解しているのだろうか。

▼学生の英語力低下を社会の進歩と見た漱石

さて、本章の結論に至る前に、もう一つだけ、明治日本で起こった、ある問題を巡る議論を見ておきたい。それは、近代的な「国語」としての日本語が徐々にでき上がってきた明治半ばのことだ。

翻訳語が定着してくる頃になると、それまで日本の高等教育の場で教員の多数を占めていた、お雇い外国人教師の比率が低下してくる。外国人教師が日本人の教師に置き換えられていったのである。明治後半へと時代がくだるにつれて、旧制高校や大学といった日本の高等教育機関では、さまざまな科目が外国語ではなく日本語で教授されるようになった。

学問の普及が進み、多くの若者が先進の外来の知識を、原語と格闘するという大きな労苦を経験することなく、学べるようになったのだ。

しかしそれに伴って、先に述べた英語名人世代のような、英米人も驚くほどの語学力を備えた学生が少なくなってきたのである。

当時の新聞などには、「最近の大学生の外国語力の低下は嘆かわしい」といった、現代の日本でも聞かれるような意見がしばしば掲載され、外国語力をどのように向上させるべきかという議論が早くも起こっている。

ここで興味深いのは、文豪・夏目漱石が一九一一年に書いた「語学養成法」という文章だ。その冒頭で漱石は、「一般に学生の語学の力が減じたと云ふことは、余程久しい前から聞いて居るが、私も亦実際教へて見て爾《さ》う感じた事がある」と記している。その後、続けて次のように書いているのだ。

「私の思ふ所に由ると、英語の力の衰へた一原因は、日本の教育が正当な順序で発達した結果で、一方から云ふと当然の事である。何故かと云ふに、吾々の学問をした時代は、総ての普通学は皆英語で遣らせられ、地理、歴史、数学、動植物、その他如何なる学科も皆外国語の教科書で学んだが、吾々より少し以前の人に成ると、答案まで英語で書いたものが多い。吾々の時代に成つても、日本人の教師が英語で数学を教へた例がある」

漱石は、学生の英語力低下は、「日本の教育が正当な順序で発達した結果」で「当然の事」だと断言している。現在の教育改革における英語教育重視論では、グローバル化・ボーダレス化は「時代の不可避の流れ」、つまり進歩だから、大学教育の英語化を進めることこそ重要だという風潮が強いが、漱石の認識は、まさにそれと正反対なのだ。

▼英語による教育は「屈辱」

続けて漱石は、英語で行っていた明治初期の高等教育は「一種の屈辱」だったとまで言う。

「処が『日本』と云ふ頭を持つて、独立した国家といふ点から考へると、かゝる教育は一種の屈辱で、恰度、英国の属国印度と云つたやうな感じが起る。日本の nationality は誰が見ても大切である。英語の知識位と交換の出来る筈のものではない。従つて国家生存の基礎が堅固になるに伴れて、以上の様な教育は自然勢を失ふべきが至当で、又事実として漸々其の地歩を奪はれたのである。実際あらゆる学問を英語の教科書でやるのは、日本では学問をした人がないから已むを得ないと云ふ事に帰着する。学問は普遍的なものだから、日本に学者さへあれば、必ずしも外国製の書物を用ゐないでも、日本人の頭と日本の言語で教へられぬと云ふ筈はない。又学問普及といふ点から考へると、（或る局部は英語で教授しても可いが）矢張り生れてから使ひ慣れてゐる日本語を用ゐるに越した事はない。たとひ翻訳でも西洋語その儘よりは可いに極つてゐる[21]」

学問は、英語に限らずどんな言語を使用しようが、教えることが可能な「普遍的」なものである。ゆえに、日本人の頭を使い、使い慣れた日本の言語によって、思索を深め、学問を普及すべきだ。漱石はそのように語っているのだ。

大学の授業の英語化に血道を上げる現在の英語化推進派の面々は、漱石のような真っ当な感覚を持ち合わせていないようだ。独立国家の国民たる矜持も、母語で深く思考し、学問することの意義や喜びも、実感したことがないのだろう。

▼二一世紀の「英語化」は近代日本一五〇年への冒瀆《ぼうとく》

前章では、ラテン語から「土着語」へというヨーロッパの近代化を例に、土着から普遍へと人間社会の進歩は一方通行的に進むという「グローバル化史観」の誤りを指摘した。

ヨーロッパの近代化と同じように、明治時代に日本の近代化が成し遂げられたのは、結局のところ、「普遍」と目された外来の先進の知識を積極的に学びつつ、それを翻訳し、日本語や日本文化のなかに巧みに位置付け、広く一般庶民に活用しやすくしたためであった。そのことがおわかりいただけたと思う。多くの普通の人々が自分の能力を磨き、発揮しやすい、日本語に基づく社会空間を「翻訳」と「土着化」のプロセスによって作り出したことが、日本が近代社会の形成に曲がりなりにも成功した大きな理由なのである。

そう考えると、現在、日本で叫ばれている英語化の推進は、非常にまずい帰結を日本社会にもたらすと予測できる。馬場辰猪ら多くの明治の先人が懸念を表明していたような望ましくない帰結である。

たとえば、「政治や経済に積極的に参加できる人々はカネや能力や時間（余暇）を有する特権的な人々に限られてしまう」こと。「英語が使えるか使えないかによって経済的な格差も生じ、格差社会化が進む」こと。

さらに、「格差社会化の進展に伴って、日本人という国民の一体感も失われていく」ということ。英語が得意で、英語で仕事をするようになった日本人は、英語のできない日本人をどうしても軽く扱うことになり、他方、英語が不得手な日本人は、英語を用いる日本人に対して敵意にも似たコンプレックスを抱くようになる。その先に待っているのは、まさに国民の分断だ。

日本社会の英語化が進展すれば、こうした憂慮すべき事態が間違いなく生じるはずだ。

二一世紀の現在、歴史的な経緯は異なれど、世界のあちこちで一国内に住む人々の間に生まれた格差、文化的分断が、数々のテロリズムを生む背景となっている。自らが属するはずの社会の上層階級が、自分たちを異物として蔑《さげす》み、権利を奪っているという人々の意識が、若者を中心に過激主義に染まる下地を作り、凄惨《せいさん》な事件を生んでいるのだ。

日本が目指すのは、そのように分断された社会なのか。明治の先人たちの言葉に、私たちは今一度耳を傾けるべきなのだ。

第四章　グローバル化・英語化は民主的なのか

▼EUで上がる疑問の声

前章までに、「英語化史観」とその背後にある「グローバル化史観」の問題点を見てきたが、読者のなかにはそれでもなお、「しかし、やはり世界は国民国家を乗り越えて、やがてEUや『東アジア共同体』のような地域共同体や、TPPによる市場統合のようなものへと『進歩』していくのではないのか。平和で安定した世界を築くため、政治的・経済的統合を進めるべきではないか」と、感じている方もいるかもしれない。

もちろん、平和で安定した世界秩序の構築は、望ましいものだ。そのことに何ら異論はない。

しかし、それを成し遂げるために、EUのような地域共同体やTPPによる市場統合を目指さなければならない、というのは本当だろうか。国境の壁をとり払い、グローバル化・ボーダレス化を推し進め、そうした広域の共同体に人々が参加することが、そして、そのために英語化を進めることが、やはり重要なのだろうか。

「実際、国境や母語へのこだわりを捨てつつあるEUが、機能し始めているのではないか」と思われる読者もいるだろう。

だが、実は今、そのEUでは、果たして域内の人々の持つさまざまな意見を適切に政策に反映できているのか、という大きな疑問の声が上がっているのだ。

地域の統合を成し遂げ、一見、「進んだ」存在ととらえられがちなEUで、何が起きているのだろうか。

▼民主主義の機能不全をもたらしたブリュッセル体制

EUを形成する〈ブリュッセル体制〉とは、「ヨーロッパの政治エリート同士の談合による寡占を表現したもの」にほかならない——。

こんな厳しい言葉でEUを批判している人物がいる。フランスの著名な歴史人口学者エマニュエル・トッドだ。トッドが問題にするのは、近年のヨーロッパ各国の政治指導者がとりがちな次のような態度である。

「不人気な政治政策を実行するときは、『いや、これは欧州委員会で、EUレベルで決まったことだから受け入れざるを得ないんだ』と、上から押しつける形で、例えば自由化や民営化のような大衆には不人気な政策を実行する」[*1]

つまり、EUというグローバルな場で決まったことだから、と言い訳をし、自国内での十分な議論を尽くさず、民主的な過程を軽んじて政策決定を行う傾向が強いというのだ。トッドは、こうした状況をもって、EUはすでに彼の言葉で言う「デモクラシー以後」の状態に至っていると指摘する。[*2]

「デモクラシー以後」とは、グローバル化の進展に伴って、各国内での民主主義が機能しなくなっている状態のことだと思ってもらえばよい。

グローバルな場での議論とそこでの結論が優先され、各国の一般国民が自分たちの日々の生活に根差して発信する意見、つまり「土着」の意見が軽視される——。

本章までの議論を追ってきた読者ならば、EUがもたらしている問題の構造が、またしても「普遍」と「土着」の問題であることに気がつくだろう。

だが、ヨーロッパと言えばラテン語から「土着語」へというプロセスを経て、近代化を成し遂げた、近代日本のお手本だったのではないか。だからこそ、第三章でも見たように、森有礼が「英語公用語化」を唱えた際に、意見を求められた欧米の識者たちは、「日本語での近代化を目指しなさい」とアドバイスをしたはずだった。

ではいったいなぜ、ヨーロッパは再び、「普遍」が「土着」を虐《しいた》げるかのような状況に陥ってしまったのか。実は、またしてもそこには言語の問題が存在するのだ。

▼グローバル言語が損なう民主的正統性

言語の観点からEUの非民主的性質を批判しているひとりが、カナダの政治哲学者ウィル・キムリッカだ。

ヨーロッパのなかでは、英語とフランス語、フランス語とドイツ語といった具合に、複数の言語を話すことのできる人は珍しくない。しかしそれでも、母語と同様の水準まで第二言語の能力を高め、それを維持する機会に恵まれているのは、一握りのエリート層に限られている。

キムリッカは、ヨーロッパの言語上の小国デンマークを例に挙げ、使用者の少ない言語を母語とする人々が、EUのなかでどのような立場に置かれているか考察している。

「現在であれば、もしあるデンマークの国民がEUの決定を気に入らなければ、他のデンマーク国民を動員してその争点に関する政府の立場を変えさせようと試みることができる。

しかし、もしEUが「民主化」されてしまえば——すなわち、主要な意思決定機関が、指名制の理事会（各国の代表によって構成される欧州委員会および閣僚理事会）から選挙制の議会（EU域内の直接選挙による欧州議会）に移ってしまったら——、デンマーク国民は、他のあらゆるヨーロッパ諸国の国民の意見を変えることを試みなければならなくなるだろう。（……中略……）デンマーク国民にとって、他のデンマーク人とデンマーク語でデンマークのEUに対する立場について議論するのは、習熟したことでありさほど困難なことではない。しかし、デンマーク人がヨーロッパ共通の立場を築くためにイタリア人と議論するというのは、ほとんど見込みのない企てである。（……中略……）逆説的なことに、選挙制の欧州議会を通じてEUの直接的な民主的責任を拡大することはかえって、最終的に民主主義的シティズンシップを掘り崩してしまう結果となってしまうであろう[*3]」

自由で民主的な政治的審議とは、片言の言語を用いて済むものではない。普通の人々が、自分たちの生活感覚をきちんと言い表し、互いに微妙なニュアンスまで理解し合う話し合いを行ってはじめて十分な民主的審議となる。

異なる母語を持つ者が話し合うEUの審議の場、つまり超国家的レベルにおける審議に参加できるのは、必然的にエリート層に限られ、庶民の声は反映されにくくなっていく。欧州委員会の日々の作業での使用言語は、英・独・仏の三ヵ国語とされているが、実質的には英語が独占的な地位を占めている。

つまり、ＥＵのような共同体を作ったことで、それを動かす人々は英語に習熟したエリート層だけに限定されていく傾向にあるのだ。

ＥＵのような超国家的政治機構が創設されたことは、各国に暮らす普通の人々の政治的意思の政策への反映を難しくしている。これが示唆するのは、一般庶民の使う「日常の生活の言葉」で、政治や経済、社会の重大事を議論し、意思決定を行うことができなくなってしまえば、民主主義の正統性が失われてしまう危険性が大きいということである。

▼「ネイション」に根差した自由民主主義

人間社会の「進歩」の先にあると思われたＥＵが宿命的に抱えていた、エリート層と一般庶民との「分断」。そうした状況を目《ま》の当たりにした現代の政治理論家たちのなかに、グローバル化と自由民主主義の政治との関係性を見つめ直そうという気運が生じている。

グローバル化の進展に対する懸念の現れとして、主に英米圏の現代の政治理論から近年、出てきた議論の一つに、「ナショナルなもの」の再評価がある。

つまり、国民意識やその共有がもたらす国民相互の連帯意識、ナショナルな言語や文化、それらへの愛着（愛国心）などが、実は自由民主主義の政治枠組みを成り立たせるために大いに必要なのではないかと指摘する見解だ。

いわゆる「リベラル・ナショナリズム」と称される一連の理論である。

リベラル・ナショナリズムは、一九九〇年代前半に登場し、現在では、英米圏の政治理論の分野で一定の地位を確立している。代表的な論者は、イギリスのデイヴィッド・ミラーやイスラエルのヤエル・タミールなどであり、また先に触れたカナダのキムリッカもそのうちのひとりと見做されている。

彼らの理論は、近年では日本語にも翻訳され、日本の政治学の分野でもよく議論されるようになっている。私自身も、ミラーやキムリッカの著作を翻訳し、リベラル・ナショナリズムの理論を日本に紹介するべく努めてきた。[*4]

ヨーロッパや日本の近代化においては、「翻訳」と「土着化」のプロセスを通じて、それぞれの国の一般庶民がなじみやすく参加しやすい、母語に根差した社会空間――言わばナショナルな社会空間――を作り出した点がカギであったことを前章までに見てきた。ひいてはそれが、人は皆平等であり、それぞれが意見を表明して政治を動かしていくという、民主主義の考え方の基盤になったとも論じた。

リベラル・ナショナリズムの理論も、類似の観点を提示している。自由民主主義の政治の前提には、安定したネイション（国民集団）やナショナリティ（国民意識）の存在が必要であると考えられている。また、ナショナルな言語（国語）や文化にも、自由民主主義を成立させる重要な役割があるととらえられる。

ここで、「自由民主主義」をごく簡潔に、いわゆる自由（選択の自由）や平等、民主主義といった理念や制度を重視する考え方だと定義しておこう。

リベラル・ナショナリズムの論者たちは、言語と自由民主主義の関係を理論的に整理した。そして、グローバル化・ボーダレス化を礼賛し推進していけば、あらゆる面において問題が噴出し、人々の基本的な権利すら奪われる状況に陥ることを示唆している。

ここからそれらの問題点を逐次、指摘していくが、グローバル化が社会にさまざまな歪《ゆが》みをもたらすことが見えてくるはずだ。

▼民主主義の前提条件としての連帯意識

第一に、グローバル化が民主主義に及ぼす影響を見ていこう。本章冒頭では、EUを例に民主政治が成り立つためには、政治が庶民の日常生活の言語で語られる必要があることをすでに確認した。

民主政治が成立するために必要な条件は、ほかにもある。特に重要なのは、参加する人々の間に「連帯意識」（仲間意識）があることだ。

言語の共有が連帯意識を生み出し、民主政治を円滑に進める潤滑油の役割を果たすという指摘は、古くから政治学の分野ではしばしばなされてきた。

たとえば、一九世紀に活躍したイギリスの社会思想家J・S・ミルは著書『代議制統治論』のなかで、「同胞感情のない国民のあいだにあっては、ことにかれらが異なった言語を読み書きしているばあいには、代議制統治の運用に必要な、統一された世論が存在しえない」と述べている。[*5]

言語が違えば形成される世論が異なり、連帯意識も育まれにくい。ミルはそう指摘し、言語が異なる集団にまたがって代議政治を実現することは難しいと論じた。

同様に、現代のリベラル・ナショナリズムの理論家も、民主主義と国民相互の連帯意識の重要性を強調する。[*6]

実際、ある国家が民主的であればあるほど、人々の間の連帯意識がより必要になってくる。専制政治のもとでは、人々がバラバラで相互に敵意を抱いていても、どうにか秩序は保たれる。強大な政治権力が有無を言わせず、人々をまとめ、秩序を作り出そうとするからだ。

しかし、民主政治を運営していくためには、人々は、互いの利害や信条、政治的立場などの相違を超えて、他者と審議し、必要とあれば自らの主張を互いに譲り合いながら、納得できる一致点を探さなければならない。

その時、議論の根底に連帯意識や信頼感がなければ、寛容の精神や妥協は生まれず、見解の相違は先鋭化し、厳しい対立を招いてしまう。

言語が異なれば、連帯意識の醸成が難しく、民主国家の運営は困難を極めると言ってよい。たとえば、ベルギーの事例である。

ベルギーは、三つの言語コミュニティからなる国である。北部地域ではフラマン語（オランダ語の地域方言）、南部ではワロン語（フランス語の地域方言）、東部の一部でドイツ語が話されている。ベルギーは、一八三〇年の建国以来、異なる言語を使う人々の間に連帯意識をどのようにして作り出すか苦心してきた。元々は連邦制国家ではなかったのだが、言語コミュニティ間の対立が深まったため、一九九三年に新しい憲法を制定し、それぞれの言語コミュニティが行政機関と議会を持ち、併存する連邦制に移行した。

だが、近年、工業地帯だった南部のワロン語圏が経済的に衰退し、商業地帯である北部のフラマン語圏との経済格差が先鋭化したことなどの要因もあり、特に両者の間の対立が再び激しさを増し、しばしば国政の停滞を招くような争いが生じている。

たとえば、総選挙のたびに、長期間、組閣がままならず、国政が停滞してしまうという事態が見られる。二〇一〇年の総選挙後は、言語コミュニティ間の調整がつかず、幾度かベルギーという国家の消滅かというほどの分裂騒ぎを引き起こした末、政権発足まで約五四〇日間を要した。二〇一四年の総選挙の後は、そこまではいかなかったものの、それでも連立交渉がやはり長引き、新政権発足まで約四ヵ月かかっている。

このように、連帯意識や信頼感の醸成は共通のアイデンティティがないと難しい。リベラル・ナショナリズムの論者は、個々人の意見が多様化した現代の世界で、安定した連帯意識を作り出すものとして期待できるのは、やはり「〇〇人意識」、つまりナショナル・アイデンティティしかないのではないかと考えている。そして、そのナショナル・アイデンティティを作り出す一つの大きな要因は、やはり同じ言語の使用だととらえるのである。

人類学者のベネディクト・アンダーソンは、近代国家において、出版やマスコミの発達が国民意識の形成に寄与したと強調している。[*7] 共通の言語でニュースを聞いたり、小説を読んだりすることで、直接に顔を合わせたこともない人々が、同じ「共同体」に所属していると感じるようになった。これが国民意識の源泉の一つだと指摘したのだ。

したがって、やはり、民主主義のもとで政治は「日常の言葉」で論じられなければならない。「日常の言葉」と「政治を論じる言葉」や「経済を論じる言葉」が異なってしまえば、民主的審議が不足するだけでなく、社会の連帯意識を維持することができないからだ。

グローバル化の進展に合わせて、母語とは異なる言語——現代で言えば英語——を社会に移植しようとするのは、民主主義にとって実に危険なことなのだ。

▼日常の言葉で政治を論じることの大切さ

第二章、第三章で、「翻訳」と「土着化」が近代民主社会の基礎を作り出したと論じたが、「翻訳」と「土着化」の大切さは、現代の民主主義的審議についても当てはまる。政治にまつわる言葉は、外来のよそよそしい、新奇な言葉であってはならない。日常生活にしっかり根ざしており、さまざまな感覚の付着した言葉でなければならない。

日本での最近の例を挙げてみよう。たとえば、「ヘイトスピーチ」という言葉だ。法務省は、二〇一五年一月から「ヘイトスピーチ」を防止する啓発活動を強化した。以前まで公的機関では使われていなかったこの言葉を前面に押し出し、「ヘイトスピーチ、許さない」などの標語を用いたポスター掲示や広告の掲載などを進めることとなった。

私は、法務省が「ヘイトスピーチ」という英語（外来語）をそのまま用いることは望ましくないと考える。「不当な民族差別発言」、あるいは「憎しみを顕《あらわ》にする発言」「攻撃的発言」といった具合に日本語で正確に表現するべきだ。

「不当な民族差別発言」という言葉を用いれば、「何が不当なのか」「在日朝鮮人・韓国人と日本人との間での不当ではない公正な関係性を作るにはどうすればよいのか」などの問いが自然と浮かんでくる。また、「憎しみを顕にする発言」、もしくは「攻撃的発言」と称した場合、「憎しみはなぜ生じているのか」「攻撃ではなく、融和や和解をもたらすためにはどうすればよいのか」という方向に考えが向き、議論もおのずと生じるはずだ。その議論を通じて問題の解決の糸口も見つかっていくだろう。

だが、「ヘイトスピーチ」という英語をそのまま用いている限り、（よほど英語の感覚が身についているごく少数の日本人をのぞいて）このような思考は働かない。一方、適切な日本語に「翻訳」されていれば、おのずと思考が深まっていく。母語は人々を自然に思索へと導く。この母語の機能の重要性はいくら強調してもし過ぎるということはない。

政治や社会の問題について、多くの人々が考え、議論し、よりよき解決を模索していくためには、日常生活のさまざまな意味や感覚と結びついた生きた言葉が用いられなければならないのだ。

▼言語の分断が格差を生み出す

第二に、グローバル化が「平等」に及ぼす影響について考えてみよう。リベラル・ナショナリズムが危惧《きぐ》するのは、人々の平等を支える条件としての母語に根差したナショナルな社会空間をグローバル化が損なう可能性である。

中世ヨーロッパ社会では、社会の上層階級と庶民階級との間の言語がラテン語と「土着語」に分かれていたため、平等の実現など不可能だった。

近代以降のヨーロッパ諸国で社会的平等が徐々に実現されていったのは、国語の整備や国語に基づく公教育の実施が大きな要因だった。[*8] 経済的にも、ラテン語を操る一部の上層階級だけが、より高い所得を得るような時代を脱し、大衆が国語で自ら学び、あらゆる分野で先進的な取り組みに挑戦するようになったことで、社会全体が活性化し、技術革新も数多く生まれ、しだいに社会の構成員全体の所得が向上していったのだ。

一方、現代でも、植民地になった経験を有するアジアやアフリカなどの新興諸国では、言語の分断がなお残っている。

こうした地域では、上層階級は英語やフランス語など、旧宗主国の言語を日常生活や職場において用い、庶民は、もっぱら「現地語」を使って暮らしている。

そのような社会では、高い収入が得られる職業、つまり企業経営者やエンジニア、法律家、会計士などは、庶民の日常語とは異なる旧宗主国の言語が使えることが求められる。英語やフランス語が十分に使えなければ、高等教育や専門教育も受けられないため、庶民にとって、こうした職業に就くことはハードルの高いものとなっている。

当然のことながら、母語以外の言葉、つまり第二言語の習得は、経済的・時間的余裕に恵まれている上層階級のほうが圧倒的に有利である。したがって、多くの新興諸国では、言語の格差がそのまま経済的格差、社会的格差に反映され、それが現在でも繰り返し再生産されている。
言語政策を専門とする山本忠行氏の調査によれば、ガーナなどアフリカ諸国における経済格差は、教育格差であると同時に、英語やフランス語の運用能力の格差であるという。[*9]

ガーナなどアフリカ諸国の多くでは、初等教育のはじめの段階は「現地語」を用いる場合が少なくない。しかし、初等教育の後半から中等教育にかけて、徐々に教授言語が英語に切り替えられていく。

高等教育は、すべて英語が教授言語となる場合が多いため、英語ができない子供には教育の門戸が閉ざされる。

初等教育で落ちこぼれた場合、独学で知識や技術を身につけようにも母語で学べる環境は整備されていない。人文社会系、理数系、音楽や絵画・工芸など、いかなる分野であっても、言語障壁が能力を伸ばす機会を奪ってしまうのだ。

つまり言語の分断が、教育を受ける権利を制限するだけでなく、長い将来にわたる社会的・経済的不平等を定着させてしまっている現実がある。

つまり、「グローバル言語」などと称して母語以外の言語を偏重するようになってしまえば、人々の平等に生きる権利や学ぶ権利が、奪われてしまうのである。

こうした格差を是正するためには、一般の人々が社会に参加し、能力を発揮しやすい母語に根差した社会空間を作ることが求められるはずだ。より具体的に言えば、それは母語で高等教育や専門教育が受けられ、専門職や高収入の職を含む多様な職業に就けるようにするということだ。

▼福祉政策にも連帯意識が必要

一方で、社会に大きな経済的格差が生じたとしても、それを是正するために、再分配的な福祉政策をとればよいという考え方も存在する。大ベストセラーとなった『21世紀の資本』のなかで、フランスの歴史経済学者トマ・ピケティは、格差が拡大する現在の資本主義を継続していくためには、資産課税を強化して税による再分配機能を高めるしかない、と主張していることは記憶に新しいだろう。[*10] 福祉政策も、こうした主張と無関係ではない。

しかし福祉政策は、どのような社会でも容易に行えるというわけではない。リベラル・ナショナリズムの理論家が強く主張する点であるが、ある社会で再分配的福祉政策が可能となるためには、構成員の間に、共通のアイデンティティに基づく強い連帯意識がなければばならない。

福祉政策とは、ありていに言ってしまえば、稼ぎの良い豊かな者から多めに税を徴収し、恵まれない者に分配する政策にほかならない。したがって再分配政策が実際に行われるためには、豊かな人々が、貧しい恵まれない人々の境遇に、強い共感の念を継続的に抱く社会でなければならない[*11]。そうでなければ、再分配的福祉政策が民主的な同意を得ることは難しくなる。

先ほどから述べているように、複数の言語を用いる集団が存在する社会では、強い連帯意識の形成は困難だ。

前章で見た明治期の馬場辰猪は、同時代のインドを例に、英語を話す上層階級とインドの言葉を用いる庶民階級との間に、国民としての一体感や共通の感情や思想が育まれていないと論じていた。現代の多民族国家でも、異なる言語集団の間に共通の福祉の制度や政策を打ち立てることの難しさはしばしば指摘されている。

母語に根差したナショナルな社会空間がなければ、経済的格差が発生しやすいだけでなく、それを是正すべく再分配的な福祉政策をとることも難しくなる。

社会的平等を実現するために必要な相互扶助意識や一体感を持つことさえ、言語が分断された状況では困難になるのだ。

▼自由そのものも言語が基礎に

第三に、グローバル化が人々の「自由」に与える影響に関して考えてみたい。

リベラル・ナショナリズムでは、「自由」、特に「選択の自由」という理念が母語やナショナルな文化に支えられていることが強調される。[*12]

現代のリベラリズムでは、自由が有意義なものとなるために、人々が、意味ある選択肢をなるべく多く、またなるべく平等に享受できることが望ましいとされる。現代人である読者も、この点に異論はないだろう。

そして、個々人の人生にとって自由が有意義なものとなるためには、さまざまな人生の選択肢が実際に手の届く範囲に存在している必要がある。

この場合の「選択肢」とは、さまざまな考え方や生き方、あるいはもう少し具体的に、職業選択の幅を意味していると考えてよいだろう。端的にまとめれば、人間が自由であるとは、「多数の選択肢に実際にアクセスし、そのなかから選ぶことができる」状態だと言える。

すると、母語やナショナルな文化（国民文化）の重要性はおのずと明らかになってくる。大多数の人々にとって、外国語でのみ提示される多種多様な考え方や生き方に接するのは、困難なことだ。歴史でも芸術でも結構だが、少し興味を持って知りたいと思っても、それについて母語で書いてある文献がなかったら、多くの人々は調べるのをやめてしまうだろう。母語で学べる環境が整っていなかったら、多様な考え方や生き方を知ることはなかなか難しいのだ。

思想や生き方と同様、職業選択に関しても、多くの人々にとって、実質的に選び取れる選択肢の範囲は、基本的に母語を使って就くことができる範囲であることが普通である。

たとえば、日本人が英語を公用語とする企業や組織の職に就くことを志した場合、英米人など英語を母語とする人々と競争のうえ、それを勝ち取らねばならないことが多いだろう。言語上不利なそのような競争を制し、職を得るのは、大多数の人々にとって、不可能ではないにしても、非常に難しい。

したがって、ある人が「自由」、つまり多様な人生の選択肢を実質的に享受するためには、母語で多種多様な考え方や生き方に触れ、多様な職業に実際に就ける社会的環境が欠かせない。繰り返しになるが、母語で天下国家、森羅万象を論じることができ、高等教育を受け、母語で専門職や高収入の職にも就くことができる社会空間が開けていることが求められるのである。

先にも触れたカナダの政治哲学者キムリッカは、次のように記している。

「リベラリズムが個人の自由を信奉するならば、それはネイションの文化の存続や繁栄を信奉することにまでつながりうる[*13]」

この言葉は、個人の自由を意味あるものとするためには、当人の母語に根差したナショナルな社会空間が存続し、豊かなものとなっている必要があるという意味である。

前述の通り、かつて列強の植民地下に置かれていたアフリカなどの新興諸国では母語で就ける職業の数は非常に限定されており、所得も低かった。現在でも多くの人々は実質上、自由を享受しているとは言い難い状態に置かれている。

また近年では、先進国であっても、グローバル化の進展に伴って英語運用能力が求められ、母語だけでは働けない職場が増加傾向にある。

そうした傾向のもとでは、しだいに人々の人生の選択肢は狭まり、実質的に自由が限定されるようになりつつあると言わざるを得ない。

▼グローバル化が自由民主主義を破壊する

リベラル・ナショナリズム論を手がかりとしてこれまで見てきたように、現代を生きる我々の多くが理想的だと考えている自由民主主義の諸理念は、普段、あまり意識されないものの、いずれも母語に支えられている。

何不自由なく、生活の延長として使用できる言語に基づくナショナルな社会空間がなければ、自由も平等も、互いに助け合う福祉システムも成立し難いのである。

現在、ヨーロッパでEU批判が巻き起こっている一因は、そこにある。

民主主義社会では、人々がそれぞれ、自分が自国の政治の主人公であるという認識を持つことが重要だ。そのためには、「自分たちの運命は自分たちで決められるのだ」「我々は皆、平等なのだ」という自尊心が支えとなる。

しかし、「土着から普遍へ」という流れを志向するグローバル化・ボーダレス化の進展に伴って、実際にEU加盟国の人々は、自分たちの母語で十分に政治を論じ、自国の針路に影響を及ぼす機会が少なくなりつつあることを肌で感じ、反発心を抱きはじめている。

いかにエリート層が口では自由や平等、民主主義が重要だと唱えていたとしても、ひとたびグローバル化・ボーダレス化を進展させてしまえば、「進歩」どころか「中世への逆行」とも言える事態に陥る。

エリートによる政治・文化の独占、ならびに格差拡大は避けられないのだ。

第五章　英語偏重教育の黒幕、新自由主義者たちの思惑

▼なぜ今回の英語化が最も危険なのか

実は英語化の動きは、今回がはじめてというわけでは決してない。むしろ第三章で見た明治時代の議論をはじめとして、ずっと英語の必要性が説かれてきたと言ってもよい。日本人全員が実用的な英語力を身につけられるように、英語教育を大々的に変革すべきだという主張も、明治以来、途切れることなく提示されてきた。

日本語をやめて英語もしくはフランス語を日本の公用語にすべきだという意見も、幾度か真剣に議論されたほどだ。

比較的記憶に新しい英語教育を巡る議論には、一九七〇年代の渡部昇一氏と参議院議員・平泉渉《ひらいずみわたる》氏の間で交わされた「英語教育大論争」[*1]や、二〇〇〇年代初頭の「英語第二公用語化」論争[*2]などもあった。

数多くの論議があったものの、結果的に、これまでは日本語の地位は揺るがず、英語化も進展しなかった。それゆえ今回の英語化の波についてもさほど深刻視する必要はないと感じる向きもいるかもしれない。

しかし私は、今回の英語化の動きは、これまでとは違い、日本社会を根底から変えてしまう恐れがあると考えている。

現在の英語偏重の教育改革は、財界や政府の主導するもの、つまり「上からの」動きである。国民の大半はそんなことは望んでいないのだが、近年では下からの反発があったとしても、それが組織化されず、上からの意思が現場に浸透してしまうからだ。

これまでの英語教育論議では、財界からの要望が強かったとしても、文部科学省をはじめとする政府は、それほど動かなかった。いや、動けなかったと言ったほうがいいかもしれない。法律や規制があり、たとえ財界やその意向を受けた政府が何らかの改革を提案したとしても、教育現場までその意思を貫徹することは容易ではなかった。教職員組合や教授会などの力も強く、現場の声を反映しない改革は行いにくかったのだ。

ところが、ここ二〇年ほどの間に、市場経済を絶対視する「新自由主義」の考え方が広まり、公的部門の「効率化」が進んだ。「効率化」と言えば聞こえはよいが、その実、現場からの多様な声を聞く、民主的意思決定のプロセスの切り捨てである。

多くの政治学者が指摘していることだが、新自由主義の考え方では、多様な意見に耳を傾け審議を進める民主的プロセスを軽視する傾向が顕著だ。合理的な制度や政策とは、効率性の観点から経済学的におのずと決まってくるので、多様な意見を聞き、審議を進める民主的プロセスなど必要ない、と断定してしまうからである。[*3]

大学で言えば、二〇〇四年に国立大学が法人化された。大学運営の予算は、競争的資金の割合が大幅に増え、競争的資金以外の予算は年々減額されている。二〇一四年には学校教育法の改正があり、教授会の権限は大幅に削られ、実質上、教員人事などの大学運営には口出しできなくなった。

このように大学も効率化が進められたため、文科省など政府の意思が現場まで下りてきやすくなった。

たとえば、前述の「スーパーグローバル大学創成支援」はその典型である。近年、文科省は、さまざまな改革案を提示し、それに予算配分を絡めてくる。「改革に同意するなら、積極的に公募に応じてください。応募は強制ではなく任意です。ただ応募しない場合、得られる予算は大幅に減り、お宅の大学の地位は低下しますが……」というわけだ。

産業競争力会議の議事録を繙《ひもと》いても、民主的プロセスを軽視する傾向は見てとれる。たとえば、「スーパーグローバル大学創成支援」プロジェクトが走り出した後の第一六回産業競争力会議（二〇一四年六月一〇日）で三木谷氏はこんな発言をしている。

「まず、英語教育について。文科省の方でかなり積極的に推進をしていただいているが、

（……中略……）最後の段階である程度、各大学の裁量の余地を残してしまうと、実質的に進まないということもよくあるため、ぜひ総理の強い指導力で英語教育改革を目指していただければと思う[*4]」

大学の英語化に関して、現場の声など聞くな、と言うのである。

そして、スーパーグローバル大学の補助金等を限られた財源からひねり出すために、事実上しわ寄せを受けるのが、日本の「国際競争力」の増進に寄与しないと断定された国立大学の人文社会系の各学部だ。文科省は、理系強化という政府の成長戦略に沿わない文系学部の統廃合を要請する通知を二〇一五年六月に全国の国立大学に行った。二〇一三年一一月に文科省がまとめた「国立大学改革プラン」を受けた形の通知だ。

当然ながら、人々の教養の基礎となる人文社会系の学問をないがしろにするような決定は、現場教員を含め、広く国民各層の声を聞き、熟慮すべき重大問題である。しかし、「効率化された」現在の日本の政治状況では、こうした独断的決定もおそらくすんなり通ってしまうだろう。

文科行政以外でも同様である。

国家戦略特区構想がその典型だ。国家戦略特区では、正社員の馘《くび》を切りやすくする解雇規制の緩和や外国人家事労働者の受け入れなど、多くの反対意見が予想される問題が提起されている。しかし、国家戦略特区構想では、雇用を所轄する厚生労働大臣や入国管理担当の法務大臣など関係各大臣は、「抵抗勢力」になり得るとされ、意思決定の場に加わることができない。意思決定のスピードを重視するためだそうだ。[*5]

「改革」の方向性が本当に良いものであれば、政府が効率化され、多様な意見を聞かずともすむようになったことで、迅速に良い結果を得られるかもしれない。だが、当然ながら、多様な意見を締め出してしまったことで、「改革」が本当に望ましいものなのか吟味する機会が大幅に減少し、望ましいかどうか疑わしい改革も以前と比べ格段に実行されやすくなった。

それゆえ、今回の英語偏重の教育改革は、かつてなく危険なのだ。子供の将来や日本の学術や文化の発展を考慮することもなく、また第三章で見たような歴史的経緯を知ることもなく、新自由主義的なビジネスの論理一色に染まり、財界の意を受けた政府の主導でやみくもに改革が進められつつあるのが現状なのだ。

▼言語や文化を障壁と見做す新自由主義

そもそも新自由主義とは、どのような主張なのだろうか。その骨子を大まかに説明すると、「政府部門の縮小や市場競争の導入によって経済社会の効率化や活性化を目指す、一連の理論や運動の総称」[*6]だと言える。我々が近年、毎日のように耳にする「規制緩和」「民営化」「自由化」といった政策の背後にある考え方であると言ってもいい。

それがなぜ、グローバル化・英語化を推進する勢力になるのかについては、本章の後半で明らかにしていく。ここでは、まず、新自由主義そのものについて考えてみたい。

新自由主義も、前章で見たリベラル・ナショナリズムなどと同様、リベラリズムの思想の一つである。

しかし、一般的な自由民主主義とは異なり、新自由主義は独特の人間観、自由観に依拠している。新自由主義の思想のなかでは、人間はあたかも、何も拘束のない真空のような空間でこそ、最も自由に活動できるかのように想定されているのだ。

どういう意味かと言うと、新自由主義では、政府などによる規制の一切ない、完全に自由な経済的市場を理想の状態ととらえるのだ。

資本や人材は、投資家や経営者が意のままに移動させ、制約を受けることなく利用することができなければならない。政府による規制などあってはならない。逆に、政府は、投資家や経営者がビジネスをする際に障壁となるものを撤廃するために最大限尽力すべきだ。新自由主義は、そのように考えるのである。

新自由主義者が打ち出す政策には三つの柱があると言われる。

一つは、「開放経済」(オープン・エコノミー)。貿易や投資、人の移動を国境などの垣根を低くして自由化すべきという考え方である。

二つめは、「規制緩和」。あらゆる意味で、政府による経済活動への規制は最小限に抑えるべきだとする。

三つめは、「小さな政府」だ。政府は財政規律を守り、公営企業は民営化してスリム化せよというのである。

工場排水や煤煙《ばいえん》に対する環境基準、製品の安全基準、労働者の権利保障などに関わる規制はなるべく緩いものを国際標準、つまりグローバル・スタンダードとし、政府の干渉は最小限にとどめて口を出すな、と新自由主義者は主張する。TPPなど自由貿易の枠組みは、まさにこれを実現しようとするものだと言ってよい。

国境だけでなく各国の言語や文化の相違は、新自由主義者にとって、人材や資本の移動の妨げ、つまり単なる障壁でしかない。各国の言語や文化に根差したナショナルな社会空間などは、余計なものでしかない。なぜなら、経営者がA国からB国に人材を動かしたいと考えたなら、それは何の障害もなく実現されなければならないからだ。

▼新自由主義の広がり

新自由主義的政策は、一九八〇年前後からすでに三〇年以上にわたって、各国の政府によって採用されてきた。

一九七九年のイギリス・サッチャー政権、一九八一年のアメリカ・レーガン政権はその嚆矢《こうし》とされるが、日本でも一九八〇年代半ばの中曾根康弘政権から、国鉄や電電公社、専売公社の民営化を行うなど、新自由主義的政策がとられてきた。

さらに、中南米、アジア、アフリカなどでも一九八〇年代以降、新自由主義的政策が取り入れられていき、冷戦終結後の世界では、新自由主義の経済政策こそグローバル・スタンダードと目されるようになった。そして、旧社会主義国が市場経済を導入した際にも、発展途上国の開発援助の際にも、新自由主義に沿った政策が推進されることとなった。

この推進役として大きな役割を担ったのが、国際通貨基金（ＩＭＦ）や世界銀行である。これらの機関は、「開放経済」「規制緩和」「小さな政府」という新自由主義の原則に立ち、世界経済の再編を進めていった。いわゆるワシントン・コンセンサスだ。

まさに一九九〇年代以降の国際社会は新自由主義一色に染まって動いてきたと言っても過言ではないのだが、その結果、どのような事態が起こっただろうか。

▼エリート階級のための新自由主義

第二次世界大戦後、先進各国では社会的弱者に対する保護が手厚くなり、福祉国家化が進んだが、その流れのなかで、アメリカでも所得の平準化が進んでいった。高所得者から徴収した税金を再配分する政府の機能が強化された結果である。

アメリカでは世界恐慌の直前に、上位一パーセントの富裕層の所得が国民の所得全体に占める割合が、最高で二三・九パーセントにまでのぼった。これが、一九七六年まで下落を続け、八・九パーセントまで低下していった（図表2）。

しかし、新自由主義的政策が実行されるようになった一九八〇年辺りから、この傾向は反転し、上位一パーセントの富裕層の所得占有率が急拡大し、現在では戦前のピークとほぼ並び、二〇パーセントを越えている。これはトマ・ピケティらが明らかにした通りである[*7]。

図表2　アメリカの富裕層（上位1％）の所得が国民総所得に占める割合

（注）賃金のほか、事業収入、利子・配当を含む
"The World Top Incomes Database"のデータをもとに作成

他の指標を見ても、たとえばアメリカの企業経営者（CEO）の給与と、労働者の給与の平均値の比率は、一九七〇年代には約三〇対一だったものが、二〇〇〇年にはほぼ五〇〇対一にまで広がった。[*8]

新自由主義的政策をとったことで、アメリカ社会は史上最高の「大格差社会」に変貌《へんぼう》したのである。

経済地理学者デヴィッド・ハーヴェイは、この状況を批判して、新自由主義が支持されたのは、学問的な理由や、一般国民の福利向上といった目的からではなく、単に経済的な特権を失ったエリート階級の失地回復のためだったのではないかと疑念を投げかけている。

▼「黄金の拘束服」と犠牲にされる国民の生活

では、新自由主義的政策は、なぜ格差社会化を招いたのだろうか。なぜ、ごく一握りの高所得者と大多数の低所得者という構図ができてしまったのだろうか。

この点は、経済のグローバル化の進展を抜きには理解できない。先に見たように、新自由主義は「開放経済」、つまりモノや資本、人の移動の自由化を要請する。ここで特に注視したいのは、資本の移動の自由だ。

資本の国際的移動の自由が高度に維持されるようになると、各国政府は国際的資本を自国に呼び込むために、そしてまた自国の資本を国外に流出させないために改革を行わざるを得なくなる。グローバルな投資家や企業が「あの国はビジネスしやすい環境が整っている」「あの国に資産を移したほうが得だ」と評価するような政策、たとえば「法人税の引き下げ」「規制緩和や民営化」「労働者の権利の削減」「福祉や公共事業の削減」などが、各国間で競って行われるようになるのだ。

各国政府は、国際競争力をつけるという名目のために、自国の国民一般の声よりも、グローバルな投資家や企業の声を重視して、経済政策を推し進めてしまう。

これは、民主主義や国民主権の原理から逸脱した、非常に倒錯した状況である。

アメリカのジャーナリスト、トーマス・フリードマンは、著書『レクサスとオリーブの木』のなかで、経済のグローバル競争に勝つためにはこの倒錯をやむを得ないことだとし、「各国は『黄金の拘束服』を着込む」と表現した。[*9] 各国の経済政策は自国の状況に合わせた政策を打つ自由度を失い、「拘束」される。グローバル化の進展したこの時代に各国が経済競争に打ち勝つにはこの「拘束服」を着込むしかないのだと言ったのだ。

この本が出版された一九九九年以降の世界は確かにその通りに進んだ。「黄金の拘束服」を着込んだ各国政府は、自国の国民一般の生活基盤が不安定化すると知りながら、グローバルな投資家や企業に有利な政策を次々、実現させていった。賃金の上昇は抑制され、労働条件は改悪された（たとえば日本では正規雇用が減り、非正規雇用に置き換えられた）。解雇要件や労働時間の制限は緩和される傾向にある。福祉も削減される。税制に関しても、法人税は大幅に下げようとする一方で、税収不足を消費税などのその他の税の引き上げで補おうとする。

グローバル資本の暴走が招いたリーマン・ショックという大きな衝撃を二〇〇八年に受けても、各国政府は「黄金の拘束服」を脱ぎ捨てることはできなかった。

アメリカでは政治経済学者のダニ・ロドリックらが、資本の国際的移動の大幅な自由化は、世界経済全体を不安定化させるだけでなく、各国の国民主権を脅かす事態も招くと明確に指摘するようになったが、その声は政策には反映されずにいる。[*10]

こうしたプロセスを経て、世界を股にかけるグローバル投資家や大企業は、より儲《もう》けやすくなった世界でますます稼ぎ、さらに豊かになりつつある。

他方、国内で地域に根差した職業に従事している人々——地場の中小企業で働く人、パン屋やクリーニング店、書店など日常生活を支える小売を営む人、あるいは農業や漁業を生業《なりわい》とする人——つまり大多数の一般庶民の生活基盤は不安定化し、貧困化していく。

新自由主義を発信してきたアメリカ国民でさえ、グローバル企業のＣＥＯは巨万の富を築いたのに対し、一般庶民の暮らしはむしろ厳しさを増した。結果、とてつもない格差社会が到来したのである。

▼デフレ不況はグローバル化が大きな要因

では、新自由主義は日本においては、どのような影響をもたらしたのだろうか。

日本でも、一九八〇年代後半から新自由主義的政策がとられるようになったことは先に

図表3　日本の実質賃金

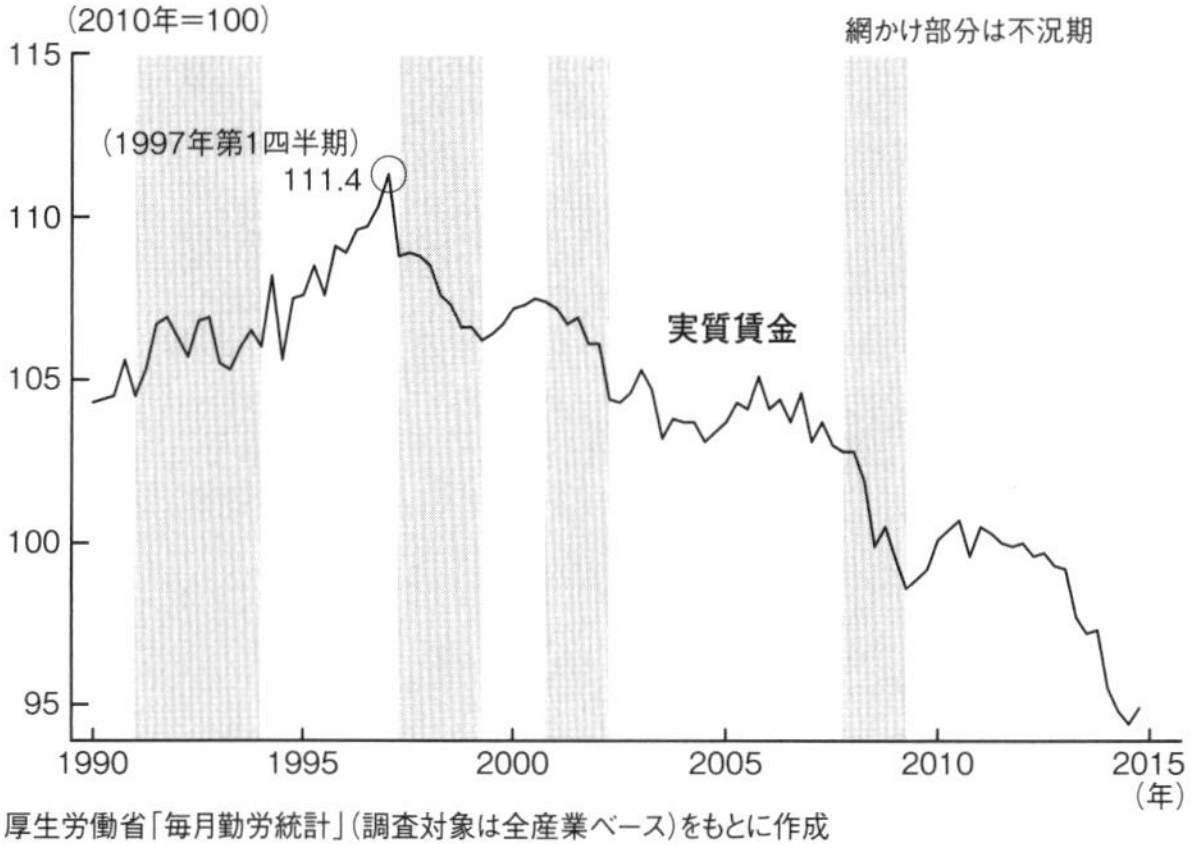

厚生労働省「毎月勤労統計」(調査対象は全産業ベース)をもとに作成

も述べた。バブル崩壊後の一九九〇年代後半からは「構造改革」「グローバル・スタンダードの導入」という名のもとに、新自由主義的政策が本格化していく。

たとえば、派遣労働の解禁である。一九八〇年代半ばの中曾根政権時に派遣法が施行されるようになったが、通訳などの専門的な職業のみに限られていた。それが、一九九六年以降、派遣業種の範囲が徐々に拡大されていった。

その結果、何が起こったのか。図表3は日本の実質賃金の推移をまとめたものであるが、このグラフを見ればわかるように、一九九七年一月〜三月期をピークに日本の実質賃金は著しく低下した。

かつては貯蓄の多いことで有名だった日本人だが、所得の減少に伴い、金融資産を持たない世帯が急増した。図表4のように、二人以上の世帯で、金融資産を保有していない世帯の割合は、二〇一四年のデータでは、三〇・四パーセントにまでのぼり、調査開始以来の最高水準に到っている。

新自由主義的政策の結果、一般的日本人の生活は不安定化し、以前よりも格段に貧しくなっているのである。

特に賃金や所得の低下の背景には、明らかに経済のグローバル化の影響があると言っていいだろう。一九九〇年代には、グローバル化の進展により、安い労働力を求めて生産工場を海外に移す日本企業が増えた。その分、国内の雇用は失われていった。

このことは、国内に工場を残した企業の賃金水準にも影響した。というのは、海外に工場を移しても、多くの製造業は日本の国内市場向けの製品を生産していた。そのため、国内に工場を残した企業であっても、海外から逆輸入されてくるライバル企業の安い製品に対して価格競争力を維持するために、国内の人件費を切り詰めざるを得なくなったのだ。

結果として先に述べたような、大幅な賃金や所得の低下が生じたわけだが、これによって起こったことは、国内需要の低迷だった。可処分所得が低下したのだから、庶民は財布

図表4　金融資産を保有していない世帯の割合

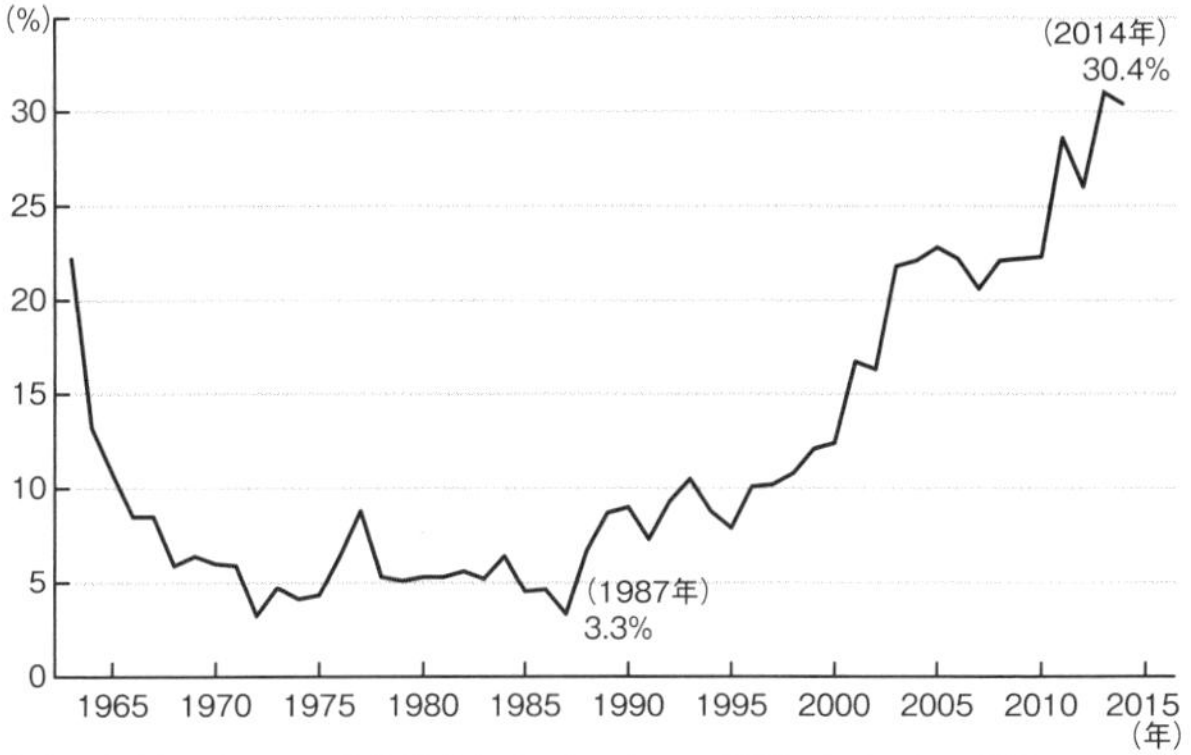

(注)調査対象は全国8000世帯(世帯主が20歳以上でかつ世帯員が2名以上の世帯)
金融広報中央委員会「家計の金融行動に関する世論調査」をもとに作成

のひもを締めざるを得なかったのである。

皮肉なことに、新自由主義的な政策のもとでは、規制緩和や民営化などで効率化を徹底するため、企業の供給能力は増す。こうして、供給能力が需要を大きく上回るという状態、つまりデフレに、日本経済は陥ったのである。グローバル化こそが、デフレ不況の大きな要因だったのだ。

▼怪しい処方箋《しょほうせん》——外需獲得と外資誘致

さてここまで議論を進めれば、現在、まさに起こっている状況を分析することができる。

本来なら、日本政府は国内の需要不足を是正するため、ケインズ主義的政策をとるのがデフレ不況脱出の妥当な道筋のはずだった。

つまり、財政出動による公共投資の増大で需要を補うという道である。加えて、雇用対策を充実させるなどして、一般国民の生活の安定化を図り、人々が安心してお金を使える環境を整える努力をする必要があった。

しかし一九九〇年代以降、新自由主義やそれに基づくグローバリズムにすっかり染まってしまった官僚やエコノミストは、ケインズ主義的政策をとることができない。先に述べたように新自由主義的政策の三つめの特徴は「小さな政府」だからだ。

政府や財界は、ますます新自由主義に基づくグローバル化路線の加速を通じて経済を活性化させようとした。

すなわち、現在に至るまで、政府や財界、あるいは彼らに重用されているエコノミストがとってきた「日本再生の処方箋」は、ほぼ次の二つの柱からなる。

一つは、「世界市場を奪いに行く」というものである。需要不足で国内でモノが売れない。したがって、海外志向を強めるべきだと言うのである。「外に打って出ろ」「アジアの成長を取り込め」「外需を奪いに行け」。近年、財界やそれに後押しされた政府からこのような勇ましい言葉が聞こえてくるのは、国内でモノが売れないため、海外市場に活路を見出そうとするからである。

もう一つは、海外から投資や企業を呼び込むために、国内にビジネスしやすい環境を作るというものである。つまり、先ほどのフリードマンの言葉で言うところの「黄金の拘束服」を着込む経済政策を採用すべきだと言うのである。

第二次安倍政権も、新自由主義に基づくグローバル化路線をとっている。安倍政権の成長戦略も、「世界市場を取りに行く」というものと、「黄金の拘束服」を着込むことによって「外資を呼び込む」というものを二つの柱にしている。安倍政権は成長戦略として二〇一三年に「日本再興戦略――JAPAN is BACK」[*11]を、翌年に、その改訂版「日本再興戦略改訂2014」[*12]を出した。

「世界市場を奪いに行く」ということについては、たとえば「日本再興戦略」では次のような言葉が並ぶ。「世界市場獲得競争が従前とは比べ物にならないほど激化している」「新興国を中心に世界のマーケットは急速な勢いで拡大を続けており、このマーケットの獲得競争に打ち勝っていけるかどうかは、資源の乏しい日本にとって死活問題である」。

もう一方の「黄金の拘束服」を着込み、「外資を呼び込む」という点も、安倍政権の成長戦略には顕著に現れている。たとえば、改訂版「日本再興戦略」には、「消費税を上げる一方、法人税は大幅に引き下げる」「企業統治を強化し、米国型を導入する」「年金積立金管理運用独立行政法人（ＧＰＩＦ）の年金運用方針を修正し、株式投資の割合を拡大する」といった政策が盛り込まれているが、これらはいずれも海外から投資を呼び込むための政策として解釈できる。

安倍政権が注力する「岩盤規制の打破」も同様である。安倍政権は「医療、雇用、教育、エネルギー、農業」などを「規制産業」と称し、規制緩和に力を入れる。「岩盤規制」を打破して、グローバル企業の参入を促進し、市場原理を引き込んでこようというのである。

▼成長戦略の疑わしさ

これらの政策には、日本のグローバル企業の業績を良くし、海外からの投資も増やし、一時的には景気が回復したように見せる効果があるかもしれない。特に、株価を引き上げる効果はあるだろう（報道によると、安倍首相は執務室に株価ボードを持ち込み、株価の上下を第一の指標として経済政策を進めているという）[*13]。だが、外需獲得と外資誘致を柱とするこれらの成長戦略がデフレ脱却につながり、一般国民の生活状況を中・長期的に改善するかどうかは、非常に疑わしい。

デフレ脱却には、賃金を上げ、一般国民の購買力を増すことが必要である。しかし日本企業が「打って出て」、輸出を伸ばし、海外市場で成果を上げるためには、やはり人件費を抑えなければならない。「国際競争力」の強化のために賃金を上げるわけにはいかないのである。

また、海外からの投資を呼び込んでくるためには、先ほど見たように法人税の削減や労働規制緩和などグローバルな投資家や企業に有利な「改革」を行わざるを得ない。だがこれは、一般の人々の生活基盤の不安定化や賃金の低下につながり、ますます個人消費を冷え込ませる可能性が高い。

たとえば、「岩盤規制の打破」は、何か革新的で前向きのようにマスコミは報道することが多いが、冷静に考えるとかなり危うい政策である。医療やエネルギー、農業、雇用、教育などの各産業は、人々の生活にとって不可欠なものなので、国民のいわゆる「社会権的基本権」を守るため、市場原理を直接的に導入することなく国など公的機関が規制をかけ監督する割合が従来高かったのだ。

ここに大資本を動かすグローバル企業が参入して、日本国民の生活など見向きもせずに利益を追求し、市場原理だけが優先されて事業が行われるようになれば、多くの一般国民の生活基盤は不安定化し、生活の質が低下する。それは将来への不安とも相まって貯蓄志向をさらに高め、内需を縮小させてしまうだろう。

▼英語教育改革の狙い①――世界市場の奪取

英語偏重の教育改革提案は、こうした日本の経済的状況、および効果の疑わしい経済政策を背景に進められている。児童・生徒の将来の幸福や日本という国の長期的な安定や発展、日本の学術文化の興隆といった観点からではなく、新自由主義的なビジネスの論理から来ているのだ。

ビジネスの論理が英語教育改革に求めていることは、これまで見てきた成長戦略を念頭に置けば、よくわかる。

すなわち、一つは、「世界市場を奪取する」ための人材づくりだ。

世界市場の奪取のための人材づくりという面は、非常に明瞭である。実際、「日本再興戦略」には、次のような文言が並んでいる。

「〈日本の若者を世界で活躍できる人材に育て上げる〉　今や日本の若者は世界の若者との競争にさらされている。将来の日本を担う若者が、国際マーケットでの競争に勝ち抜き、学術研究や文化・国際貢献の面でも世界の舞台で活躍できるようにするためには、まず何よりも教育する側、すなわち学校を世界標準に変えていくことを急がなければならない」
「『鉄は熱いうちに打て』のことわざどおり、初等中等教育段階からの英語教育を強化し、高等教育等における留学機会を抜本的に拡充し、世界と戦える人材を育てる」

経済の成長戦略であるため当然とも言えるが、「学術研究や文化・国際貢献の面でも」と申し訳程度に入っているものの、「国際マーケットでの競争に勝ち抜き」という文言が先に来ており、こちらの考慮が主であることが明らかである。最近、非常によく耳にする「グローバル人材」とは、「世界市場奪取」「外需を奪う」ための人材であると言っても過言ではないであろう。

外需を「奪う」競争に参加するということは、普段、あまり意識することはないが、新興国をはじめとした世界のどこかの国の内需を横取りし、その国の産業の発展を阻害するという、ある意味、非常に帝国主義的な側面があることは否定できない。

このように、効果が疑わしく公正さにも欠ける新自由主義的経済政策を無批判に信奉し、子供たちを外需奪取競争の一兵卒とするために英語偏重の教育改革に躍起になっているのが、わが国の現状なのだ。

▼英語教育改革の狙い②——グローバルな資本を呼び込む

英語教育改革の背後にあるもう一つの狙いは、先ほどの「黄金の拘束服」の路線、すなわち「海外投資家に好まれる環境づくり」だ。

そのためにまず、日本を英語でビジネスがしやすい国にする、ということが考えられている。

「『日本再興戦略』改訂2014」のなかには、「英語によるワンストップでの行政対応(法令等の照会)」を実現するとある。[*14] グローバル企業が英語でさまざまな行政手続きを行えるようにしようということだ。

これに呼応する形で国は、二〇一五年度から国家公務員総合職試験でのTOEFLなど外部の英語試験の活用を開始した。英語で行政手続きができ、外資が進出しやすい日本市場創設のためだと考えるとわかりやすい。

ほかにも、海外投資家を意識したサービスの提案を国は得々として行っている。たとえば国家戦略特区構想のなかには、英語で診療が受けられる医療拠点づくりや、英語で教育が受けられる公立学校の開設、国際バカロレア認定校の設置などを盛り込んでいる。

若者たちに英語を学ばせる第一の目的は、学ぶ若者自身の利益ではなく、資本を持ち込んでくれる海外投資家がビジネスを展開しやすい環境を作ることなのだ。

これが滑稽《こっけい》なほど端的に現れたのが、本書冒頭でも言及した「クールジャパンムーブメント推進会議」が二〇一四年八月に提言した「英語特区」構想だろう。[*15]「特区内では公共の場での会話は英語のみに限定する」「販売される書籍・新聞は英語媒体とする」「特区内で事業活動する企業が、社内共通語の英語化や社員の英語能力向上に資する活動を積極的に展開する等の一定条件を満たした場合、税制上の優遇措置を図る」などの奇妙奇天烈《きてれつ》な提言が並んでいる。

もちろん、現段階では提言にすぎず、よもやこれらすべてが実現することはないであろうが、海外投資家向けに「日本は買いである」と推すメッセージの役割は十分に果たしていると言えるだろう。

同時に、一見ばかばかしいような極端な例を示すことで、日本の一般国民のこうした政策への馴化《じゅんか》を図るという戦略なのかもしれない。

▼英語偏重教育で稼ぐグローバル企業

新自由主義のもとで、国民、特に教育を受ける側の若者や子供たち自身のニーズや利益が度外視され、ひたすらグローバル企業の使い勝手のいい人材の育成を目指し、また海外投資家にアピールするため、英語偏重教育が推進されていることは、これで明らかになっただろう。

そして、このような実態を覆い隠す役割を果たしているのが、「グローバル化は『時代の流れ』」という「グローバル化史観」、およびその言語版としての「英語化史観」だったのである。

一方で、英語偏重教育にはもう一つ、大きな意味がある。

それは、さらに直接的に、ある分野へのグローバル企業の進出を加速させようとする「市場開放」の動きでもある。

そのある分野とは、「教育」だ。英語化を声高に叫ぶ安倍政権は、「岩盤規制の打破」の一環として教育分野での規制緩和や市場開放を進め、海外のグローバルな教育産業に日本市場を大規模に開放しようとしている。

その証左が、たとえば国家戦略特区構想のなかにある「公立学校運営の民間への開放（公設民営学校の設置）」である。公立学校の校舎などの施設を利用しつつ、株式会社を含む民間業者が学校を設立できるようにしようという規制緩和、民営化の提案だ。[*16]

さらに同構想では、「国際バカロレアの普及拡大を通じたグローバル人材の育成」が、公設民営学校の必要性の高まりの例として真っ先に挙げられている。

世界共通の大学入学資格試験として近年注目を集めている「国際バカロレア」にかなった公立学校を作り、その運営は、外資を含む民間会社に任せるというのだ。

それらの「開放される」学校で求められるのは、新自由主義的な要請によって、英語教育を重視する教育だ。そこでは、人文社会科学も自然科学も、すべてを英語で教えるといったスタイルの学校がもてはやされ、補助金などを受けていくことが予想される。

そうなれば英語を母語とする国で設立され、これまでにも英語での教育に取り組んできた海外の教育ビジネス事業者には、大変なアドバンテージがあると言わざるを得ない。英語偏重の傾向が続いていけば、日本の教育界は海外の教育産業主導で再編が進められていくことになるだろう。

▼ビジネスの論理から導かれるオール・イングリッシュ

こう考えてくると、実は、先に触れたオール・イングリッシュという教授方式もビジネス上のニーズによるものだということがしだいにわかってくる。

おさらいだが、オール・イングリッシュ方式とは、「英語を教える時は、英語のみで教える」という原則である。数年後から、オール・イングリッシュ方式の原則にのっとり、中学・高校の英語の授業は、日本語を使わず、英語のみで行うということを安倍政権の英語教育改革案ではうたっている。

高校レベルでは、二〇一三年度の高校一年生からオール・イングリッシュ方式の英語の授業はすでに始まっているわけだが、私が現場の教員に尋ねたところでは、とびぬけて優秀な生徒の集まる一部の進学校は例外として、現状は、英語のみで授業を成立させることは、やはり難しいようで、文法や単語の説明は日本語でするし、和訳も当然しているとのことだった。

だが、文科省が英語の授業は英語で行うのが基本だと強く打ち出していることから、数年後までに、英語の授業に日本語を用いる中学や高校の教員は、ある種のうしろめたさを感じるようになっていると予想される。

しかし、英語教育の専門家の間では、中学校や高校におけるオール・イングリッシュ方式の英語の授業を推奨する人は、実は少ない。

さらに言えば、英語教育学の研究者のなかでは、「英語は英語のみで教えるほうが効果が高い」という説は、学術的に正しくないという意見がかなり多いのである。

言語教育の専門家ロバート・フィリプソンもその一人である。そして大変興味深いことに、オール・イングリッシュ方式の優位論が広まったのは、むしろ「商業上の理由」からではないかと彼は述べているのだ。

▼最良の英語教師はネイティブ・スピーカー?

では、フィリプソンの主張をくわしく見てみよう。フィリプソンはオール・イングリッシュ方式を支えるいくつかの信条を、世界の英語教育業界において、学術的には誤っているのにもかかわらず、広く受け入れられてしまっているものとして批判している。

フィリプソンが学術的には誤っていると指摘したのは、次の二つの信条だった。[*17]

（一）単一言語使用の誤謬《ごびゅう》。つまり「英語は英語で教えるのがもっともよい」という信条
（二）母語話者の誤謬。つまり「理想的な英語教師は母語話者である」という信条

フィリプソンは、著書『言語帝国主義——英語支配と英語教育』のなかで多くの論拠を挙げながら、これらの信条がいずれも誤りであることを示している。

たとえば、（一）の「英語は英語で教えるのがもっともよい」という信条については、児童・生徒がすでに身につけている言語の土台があり、それに十分関連付けられてはじめて外国語の学習が進むのであり、そうした関係を軽視してはならないと述べる。

また（二）の「理想的な英語教師は母語話者である」という信条については、たとえば、学習者と言語や文化を共有し、また自らが第二言語として英語を学習してきた経験を持つ非母語話者のほうが、学習者の言語的および文化的ニーズをよく理解しているため、単なる母語話者よりも教師としてふさわしいとする研究を示す。

フィリプソンは、「理想的な英語教師を母語話者とすぐに結び付ける発想自体が拙速である。この信条は科学的な妥当性をもたない」[*18]と断言している。

そして、フィリプソンは、「単一言語使用の誤謬」や「母語話者の誤謬」が学術的裏付

け は乏しいにもかかわらず広まった原因について、これらが広まることによるアメリカやイギリスなど英語国の各種業者のビジネスのうえでのうまみについて指摘している。[19]

アメリカ人やイギリス人の英語教師は、相手国の言語や文化を知らなくても、英語教育関連の世界中の職場で職を得られるようになるからであり、また、アメリカやイギリスの出版業者は相手国の言語・文化にかかわらず世界中に教材を売ることができるようになるからである。

これらの信条の背後にはビジネスの論理があるというフィリプソンの主張は、一九九二年の『言語帝国主義』の出版当時、センセーショナルに受け止められた。しかし時を経て、大物言語学者で、イギリス応用言語学会の会長までつとめたガイ・クックも、近年、フィリプソンと同様のことを述べている。クックは、オール・イングリッシュ方式のように児童・生徒が日常使っている言語を教室から排除する教え方を「直接教授法」と呼び、これには学術的根拠はあまりないと指摘する。[20] そのうえで、「直接教授法」の優位論が広まったのは、やはり「商業上の理由」からではないかと論じている。

外資を呼び込むという点では、オール・イングリッシュ方式の原則を受け入れることは、日本側にもうまみがある。日本の教育関連市場を開放し、アメリカやイギリスなど英語国の英語教育関連企業の日本市場への投資拡大を促すよい口実になるためである。

学術的には大きな疑念が呈されているオール・イングリッシュ方式の原則を、英語国のほうでも、また日本のような受け入れ国でも、認めてしまっているのには、背後にこうしたビジネス上の考慮が働いているからだと言えよう。

▼TOEFLという利権

もう一つ、ぜひ強調しておきたいことがある。それは、大学入試での利用を推進することが提言され、また国家公務員試験での活用もはじまった、英語試験TOEFLを巡る問題だ。

TOEFLは、アメリカの民間団体が作成している、アメリカの高等教育機関への留学のための英語力を測る英語試験である。

安倍政権の成長戦略では、国家公務員試験や大学入試、さらには大学の卒業要件に「TOEFL等の外部試験」の活用の必要性が強調されている。

三木谷浩史氏に至っては、この「TOEFL等」からさらに「等」を外して、明確にTOEFLの導入を強く進めるべきだと産業競争力会議において発言している。[*21]

なぜ、これほどまでに政府や財界人が、ＴＯＥＦＬだけを重要視するのか。

ここでも、本来の教育的考慮よりも、英語国、あるいは日本の業者のビジネス上の考慮が大いに働いているように思われる。現在、政権が進めているようなＴＯＥＦＬ重視の教育体制が構築されれば、それは、まさに「ＴＯＥＦＬ利権」とも言うべきインパクトを持って、内外の投資家や業者に受け止められるだろう。

ではいったい、ＴＯＥＦＬはどれほどの利益を生むようになるのだろうか。

日本の大学入試の受験者、および国家公務員総合職試験の受験者は、毎年約六五万人に上る。ＴＯＥＦＬの試験は、数回受験して一番よいスコアを提出すればよいという形式をとっているため、受験生は平均して二〜三回は試験を受けることになるだろう。

ＴＯＥＦＬの一回の受験料は、約二万七六〇〇円（二三〇ドル）。これを人数と回数に掛け算するだけでも、数百億円の巨額の受験料が、毎年、日本からアメリカに流れることがわかる。

ＴＯＥＦＬ受験関連の企業進出や著作権の問題もある。受験産業が発達した日本であるから、大学入試や国家公務員試験にＴＯＥＦＬが義務付けられるとなれば、内外の多くの出版社や予備校が高校生向けのＴＯＥＦＬ対策の参考書や問題集を作成する。その作成のために、過去のＴＯＥＦＬの問題を使ったりすれば当然、著作権料も発生する。これも莫《ばく》大《だい》な額になるはずである。

また、日本の中学や高校、大学には、ＴＯＥＦＬ受験のノウハウを蓄積した教師は少ない。私立学校を中心に、ＴＯＥＦＬ受験のノウハウを備えた教育産業と学校との連携が進み、多くのビジネスの機会が生まれるはずである。

加えて、インターネット産業にもビジネスの機会が期待できる。ＴＯＥＦＬは、インターネット経由でコンピューター受験する試験である。それゆえ、ＴＯＥＦＬが、日本の多くの受験生に義務付けられるようになれば、対策サイトや対策ソフトの開発など、内外のインターネット関連企業にとっても、大きな収入源となる可能性がある。

そのほかにも英語国からの語学教育関連の企業も多数進出してくるであろうし、それら企業への投資も進む。デフレ下でも、ＴＯＥＦＬ受験関連企業は活況を呈するに違いない。

▼国民教育の枠組みの破壊

本章ではっきりしたように、英語偏重教育は単に「時代の流れ」などという性格のものではない。その背後には、一九八〇年代以降、世界で隆盛を極めてきた新自由主義の思想がある。

そして、新自由主義の思想はそもそも、各々の国の歴史や文化、発展段階などを考慮に入れない。世界を単一のグローバル市場にまとめ、そのなかで一部の投資家や経営者が自分の利益を最大化することを、正当な行為として扱う。

そこでは、言語や文化の相違は、資本や人材の移動の「障壁」としか見られない。そして、現状で最も有力な言語である英語を用い、英語国の商慣習や文化に他の地域も合わせるべきだとする強い力を生んでしまう。

日本でも、一九九〇年代後半以降、新自由主義が半ば公式の経済思想となってしまった。その結果として、ビジネスの論理から日本社会、および日本の学校教育の英語化が進められるようになってきたのだ。

和歌山大学で英語教育学を講じる江利川春雄《えりかわはるお》氏は、英語化をやみくもに進める現状を、グローバリスト（グローバル企業の利害関係者）たちが、「日本という国民国家の内部で行われている『国民教育』という枠組みが邪魔になり、これを破壊し始めた」[*22]と指摘しているが、まさにその通りだろう。

本来なら国家百年の計として重視されるべき教育までビジネスの道具と見てしまう新自

由主義は、子供たちから質の高い教育を受ける機会を奪い、日本人の愚民化を進めていくのだ。

第六章　英語化が破壊する日本の良さと強み

▼グローバル化・英語化が庶民を社会から排除する

英語化の危うさについて、ここまで見てきたことをいったんまとめてみたい。最近のグローバル化・英語化推進の背後に見てとれるのは「グローバル化こそ歴史の必然であり、進歩である」とする見方、つまり「グローバル化史観」であった。「グローバル化史観」では、人間社会の進歩とは「土着から普遍へ」という一方通行的過程だととらえられる。

しかし、この歴史のとらえ方は誤りだ。たとえば、宗教改革以降の西欧の近代化の歴史は「土着から普遍へ」ではなく、「普遍から複数の土着へ」というプロセスと見るべきだ。ラテン語で読み書きする人々だけが独占していた「普遍」的な知を、「現地語」に「翻訳」し、それぞれの地域に根づかせることで、多くの人々の社会参加が可能となり、近代化への活力が生じたのだ。

この近代化のプロセスに不可欠だったのが、「翻訳」という作業だった。「普遍」と目されてきた多様な外来の知を「翻訳」という作業を通じて、各社会の既存の言語や文化のなかに適切に位置付ける。つまり「土着化」させる。近代社会の成立にとって、このプロセスが大切なのだ。明治期の日本は「翻訳」の力を最大限に利用し、近代化に成功した。

ここで言う「翻訳」と「土着化」とは、文字通りの言語的翻訳だけでなく、観念や思想、制度、ルール、製品などさまざまな外来の事物を解釈し、自分たちになじみやすいように変容させ、各々の言語や文化のなかに適切に位置付けていく行為も含む。

「翻訳」と「土着化」のプロセスがうまく行われれば、各社会の一般庶民が、多様な先進の知に大きな格差なくアクセスできる公共空間がそれぞれ作り出される。ごく一部の特権階層しか先進の知に触れることが出来なかったそれ以前の社会に比べ、このような公共空間を持つにいたったところでは、多数の一般庶民が、多様な知に触れ、認識を拡大し、自己の能力を磨き、発揮できるようになる。新しい公共空間には、多数の一般庶民の力が結集し、大きな活力が生み出されるようになる。この大きな活力こそ、西欧諸国や日本に近代社会をもたらした原動力だったのだ。

この点を理解すれば、多数の一般庶民を排除してしまう方向に働くグローバル化、ならびにその言語面での現れとしての英語化は、進歩どころか、むしろ「中世化」への流れ、つまり反動と見るほうが適切である。前章で見た新自由主義も、「中世化」とでも言うべき、多数の一般庶民を社会の中心から排除していく流れを加速しているのだ。

現在の多くの人々が日本の良さや強みと考えるものは、日本が「翻訳」と「土着化」を通じた近代的国づくりをうまく行ってきたこと、つまり、安定した社会的・文化的基盤を保ちつつ、外来の多様な知を積極的に摂取し、なじみやすい形に変容させ、一般庶民までその恩恵を享受できる国づくりを成し遂げてきたことから生じているものが非常に多い。

だが、その日本の良さはグローバル化・英語化によって失われる恐れが大きい。このままグローバル化・英語化を推進すれば、巧みな「翻訳」と「土着化」のプロセスによって、庶民にも参加しやすい公共空間を育む従来の国づくりの手法を捨て去ることになる。

▼言語が作ってきた日本らしさや日本の良さ

さらに、ここで強調しておくべきは、英語は単なる「ツール（道具）」ではない、という点だ。

英語化推進派の主張でよく耳にするのが、「言語はコミュニケーションのツールだ」という言い方である。「英語はツールなのだから、ツールに慣らすために子供に教えるのは早ければ早いほどいい」「ビジネスで世界に打って出るには、英語というツールが必要だ。だから、英語の社内公用語化を早急に進めるべきだ」といった声だ。

しかし言語は、単なる「ツール」以上のものである。言語は、使う人の自我のあり方

（自己認識）に影響を及ぼす。それだけではなく、言語の使い手の世のなかの見方全体を変えてしまう可能性がある。また、文化や社会のあり方にも言語が大きな影響を与えている。

重要なのは、我々の知性が言語を作ったのではないということだ。言語が我々の知性を、いや知性だけでなく感性や世界観を、形作ってきたのだ。日本であれば、日本語が日本人の考え方や感じ方、日本社会のあり方にまで影響を与えている。

ゆえに、日本社会の英語化を進めてしまうことは、我々が想像する以上に、日本社会に与えるダメージは大きい。究極的には、「日本らしさ」や日本の「良さ」「強み」を根底から破壊する危険性をはらんでいる。

以下では、「日本らしさ」や日本の「良さ」だと多くの人が考える事柄をいくつか取り上げ、それが英語化によってどのように失われるかを指摘していく。

▼英語化で壊されるもの①――思いやりの道徳と「日本らしさ」

多くの日本人が日本の良さだと感じるものの一つとして、「思いやり」や「気配り」の道徳がある。言葉に出されなくても、他者の気持ちや思いを細やかに察し、他者の観点から自分自身を見つめ、他者に配慮するものだ。

「思いやり」「気配り」の発達と日本語の特性には、密接な関係がある。日本語が生み出すものの見方や日本語会話で求められる習慣は、「思いやり」や「気配り」の文化の源泉である。

精神医学者の木村敏《びん》氏や言語学者の鈴木孝夫氏などが指摘してきたことだが、日本語と英語などのヨーロッパ言語では、話し手は、異なった自己認識を迫られる。[*1]

日本語には自分自身を指す語は、「私、俺、僕、自分、わし、手前、小生」などたくさんある。また、話している相手を指す語も、「あなた、君、お前」など数多い。

これ以外にも、相手や自分を、職場や親族のなかでの「役割」で指し示す場合が少なくない。

二人称として相手を指す場面で、「先生」「課長」などの役職を用いたり、「お母さん」「おじいちゃん」などの親族名称を使用したりするのは日常的である。[*2] たとえば、先生を前にして生徒が、「先生は昨日、こうおっしゃいましたね」と言うのは普通であるが、英語のように二人称代名詞を用いて「あなたは昨日……」と言うのは稀である。

自分自身、つまり一人称にさえ役割名称や親族名称を用いることも珍しくない。たとえば、小さな子を持つ男性が子供の前では自分のことを「お父さんはな」、あるいは小学校の教師が児童の前で「先生はね」などと言う場合だ。

このように、日本語では、会話のなかで自分や相手を指す言い方が多岐にわたっており、状況に応じて、うまく使い分けなければならない。

他方、英語などヨーロッパの言語は、自分や相手を指す語はとても限られている。ヨーロッパ言語では、自分や相手を指す言葉は、せいぜいそれぞれ一語か二語ぐらいしかない。英語の一人称は、どんな場合でも常に"I"だ。これは、英語の世界観では、常に自分が出発点、あるいは基準として、そこから周囲を認識するというものの見方になることを示している。自分がまず揺るぎなく世界の中心に存在していて、そこから他者や周りの状況を規定していくというわけだ。

木村敏氏の言葉を借りれば「一人称代名詞が例えばアイの一語だけであるということは、自分というものが、いつ、いかなる事情においても、不変の一者としての自我でありつづけるということを意味している」[*3]。つまり、自我は、状況や他者との関係の認識に先んじて、それとは独立に規定されることが表現されている。

日本語の世界観は異なる。日本語では、状況に応じて適宜、自分を指す言葉を柔軟に使い分けなければならない。自分の周りの状況を先によく知り、その後、そこでの自分が認識されるという順番となる。
木村氏は次のように述べている。「日本語においては、そして日本的なものの見方、考え方においては、自分が誰であるのか、相手が誰であるのかは、自分と相手との間の人間的関係の側から決定されてくる。（……中略……）自分が現在の自分であるということは、けっして自分自身の『内部』において決定されることではなく、つねに自分自身の『外部』において、つまり人と人、自分と相手の『間』において決定される」[*4]
日本語の世界では、自己は、常に状況や他者との関係との関わりで規定され、認識されるのだ。

▼言語間で異なる道徳のとらえ方

このような日本語の特性は、文化のさまざまな側面に影響を及ぼしている。たとえば、日本と、英語を母語とする国とでは、それぞれ異なる道徳の見方が発達する。

日本では、「思いやり」「気配り」「譲り合い」といった価値が強調される傾向が生じる。[*5]状況認識や他者との関係性の認識が先で、それに応じて臨機応変に自分を規定していくという柔軟な日本人の自己認識のあり方は、「思いやり」「気配り」「譲り合い」の精神を育みやすい。

自身の主張や欲求を、状況や他者の観点に照らして、お互いにより望ましい形に事前に調整し合う。そして各人には、場の複雑な状況や他者の観点を鋭敏に読み取るための「共感能力」（「思いやり」の能力）や「感受性」（優しさ）、また自分を客観的に見つめ、必要であれば自分のこれまでの認識や考え方、行為を柔軟に修正していくための「反省」の能力が求められる。そういうものが日本人の道徳観となりやすいのだ。

他方、英語を母語とする人々であれば、自己は最初から中心に位置するので、複数の人々の自己主張は前もって調整されず、衝突し合うことが前提とされやすい。そこで、英語圏だと、互いの自己主張のぶつかり合いを事後的に調整する「公正さ」という理念や、それを体現する法律やルールの明記や順守（最近の言葉で言えば「コンプライアンス」）が強調される傾向がある。

戦後を代表する経営者、出光佐三《さぞう》氏（出光興産の創業者）は、日本の道徳の特性を「互譲《ごじょう》互助《ごじょ》」と称した。[*6] 文字通り、「互いに譲り合い、助け合う」という意味である。日本語は、「互譲互助」タイプの道徳を求め、育成する言語という側面がある。

「思いやり」や「優しさ」を大切にし、他者の気持ちを感受する能力や反省能力の発揮を通じた調整を重んじる日本語の世界と、「公正さ」という理念を掲げ、「法」「ルール」による事後的調整を重んじる英語圏のあり方。どちらの道徳の見方が優れているというものではなく文化的相違の問題だが、多くの日本人にとっては、慣れ親しんだ日本の見方のほうが好ましく感じられるのではないだろうか。

▼「タタミゼ」効果――察する力を発達させる日本語

鈴木孝夫氏は、日本語の持つ「タタミゼ効果」について最近、よく書いている。[*7]「タタミゼ（tatamiser）」とは、もともとは、フランス語で使われはじめた比較的新しい言葉で（フランス人が）「日本かぶれする、日本びいきになる」「日本人っぽくなる」といった意味である。フランスでは柔道がさかんなこともあり、「畳」が日本のシンボルとなっているのであろう。

鈴木氏は、この言葉の意味を少し変えて、日本語が、日本語使用者に与える影響について語っている。

海外の日本語研究者や日本語教師、あるいは日本語学習者の間では以前から、「日本語を学ぶと、性格が穏和になる」「人との接し方が柔らかくなる」ということが指摘されていたそうだ。日本語の持つこうした「人を優しくする力」に着目して、鈴木氏は「タタミゼ効果」と名付けた。「日本語、日本文化というのは悪く言えば人間を軟弱にする、よく言えば喧嘩《けんか》とか対立、対決とかができにくい平和的な人間にしてしまいがち」[*8]だというのだ。

鈴木氏は多くの実例を紹介している。たとえば、アメリカ人のあるキャリアウーマンは、日本語を学び、日本で暮らした結果、万事控え目になり、自己主張があまりできなくなってしまった。ロシア人の元外交官は、日本語を学び、日本に滞在している間に、ロシアに帰国すると「日本人になったみたいだ」と冗談を言われるぐらい印象が変わり、やはり人当たりが柔らかくなったという。

このように多くの日本語学習者が、日本語を学ぶと、「柔和になった」「一方的な自己主張を控えるようになった」「相手を立て、人の話をよく聞くようになった」「自分の非を認め、謝ることができるようになった」などの性格の変容を経験しているそうだ。

鈴木氏の「タタミゼ」の話は、まんざら大げさな話ではないだろう。日本語の使い手は、前述の自分や他者を指す言葉の使い分けにしても、待遇（敬語）表現にしても、常に状況や他者との関係性を先に読み取り、そののちに自己を柔軟に規定していくことを要求される。

また、日本語の会話では、話し相手の気持ちを察する「察し用法」も数多く用いられている。

文化人類学者のエドワード・ホールは、日本語や日本文化は「高文脈」の言語であり文化であるとかつて述べた。[*9] 日本語の会話は、英語などの欧米諸語に比べて状況に依存するところが比較的大きいと論じたのだ。「高文脈」の言語を用いる際は、会話をしている状況、あるいは会話の相手の気持ちを適切に読み取っていく力が求められる。言わば「察する力」が要求される。

日本語では、日常的な会話の場面でも、たとえば、ある人のお宅を訪問してそこを辞去する際、帰るとあまりはっきり言わない。「あのう、それではそろそろ……」「そうですか。お構いもしませんで……」「いえいえ、ではまた」「お気をつけて」というような会話が交わされることが多い。

互いに、周囲の状況や相手の気持ちを察する能力を鍛えて身につけていないと、このような日本語の会話はなかなかよどみなく進んでいかない。

日本語教育の研究者である佐々木瑞枝《みずえ》氏は、日本語の会話のこうした特徴をとらえて、日本文化には「察しの文化」の側面があると述べている。[*10]

日本語を学ぶ際には、状況や他者の気持ちを読み取る「察する力」「共感」「思いやり」などの能力を発達させ、身につけることが強く求められるのだ。日本語学習者に「タタミゼ」効果が生じるのは当然と言えば当然かもしれない。

▼英語教育の低年齢化の悪影響

以上見てきたように、言語は単なるツール（道具）ではなく、人々の自己意識のあり方、道徳の見方にまで影響を及ぼす。「言葉はツールに過ぎない」という浅薄な見方に立ち、英語化を推し進めれば、いくつもの予想だにしなかった望ましくない帰結がもたらされるだろう。

たとえば、子供の自己認識や道徳意識の混乱だ。

すでに触れたように、小学校三年生からの「外国語活動」（正式教科ではないが英語に親しむ時間）の導入、五年生からの英語の正式教科化が提案されている。岐阜市などの一部の地方自治体では、二〇一五年四月より、小学校一年生から英語が正式教科となった。

母語である日本語も十分に固まっていない小学生の段階での英語教育の導入は、子供の安定した自己認識の形成を妨げる恐れがある。日本語の求める「関係性や反省能力を重視する柔軟な自己」を形成すればよいのか、あるいは英語の求める「自己主張の強い、世界の中心としての固定した自己」を作り上げればいいのか、子供は当惑するのではないか。

自己認識のあり方の混乱は、道徳意識の混乱にもつながる。前述の通り、日本で優勢なのは「思いやり」「気配り」「譲り合い」の精神である。日本語を子供にきちんと身につけさせることは、これらの道徳観に必要な感受性やものの見方を育むことも意味する。

日本の家庭や学校では、半ば無意識に「思いやり」「気配り」「譲り合い」のできる子供の育成に重点が置かれている。対照的に英語圏の道徳は、自己主張を重視し、必然的にぶつかり合う個々人の利害や欲求を「公正さ」という規範に照らして事後的に調整するというものであり、やはり家庭や学校でもこうした道徳観の育成が求められている。

日本と英語圏とのこうした道徳観の相違、また学校など教育の場で強調される道徳観の相違は、多くの発達心理学や教育学の比較研究で指摘されている。

いくつかの研究によれば、たとえば国語教科書にも、こうした道徳観の相違はよく現れている。[*11] 国語教科書、特に初等教育段階の教科書に出てくる物語の登場人物やその行動は、ある社会の一般的人々の感覚から乖離《かいり》せず、支持されやすい人物像や規範となる行為を暗《あん》黙裡《もくり》に反映していると考えられている。社会科や家庭科などの教科書では、政策などその時々で流行している明示的な価値観が反映されやすいが、国語教科書は一時的風潮に流されにくく、各々の社会の半ば無意識の価値観が映し出されやすいと言われているのだ。

日米、あるいは日英の比較分析によれば、日本の教科書では、互いに気持ちを察し合い、自身のそれまでの行為を反省して改め、譲り合う温かい人間関係が数多く描かれている。まさに「互譲互助」の美徳が、児童の身につけるべき模範とされているのがうかがえる。

他方、アメリカやイギリスの教科書で強調されているテーマは、公正や平等、強い意志、自律、自己主張などであり、利害を異にする個人相互の対立や葛藤《かっとう》、ならびに交渉を通じたその公正な解決の過程を扱ったものが数多く見られる。

このように、日本と英語圏の学校とでは半ば無意識に強調される道徳観がかなり違う。

前述の通り、日本では言わば「互譲互助」の事前調整型、英語圏では「公正さ」「権利」「コンプライアンス」による事後調整型の規範が発達しやすい。

「思いやり」「譲り合い」の道徳と、「自己主張」「公正さ」の道徳の二つは、実社会ではどちらも大切ではあるが、日本社会は、これまで前者に重点を置いてきた。前者に基づく、さまざまな教育の手法、ならびに社会制度が発達してきた。

そうであるから、日本では、やはり、まずは「思いやり」「気配り」「譲り合い」の道徳観を子供にしっかりと身につけさせる（体得させる）ことが大切ではないか。

そのうえで分別がつき始める中学生以降に、もう一つの道徳観である自己主張と公正さの道徳のあり方を日本と英語圏の文化の相違に触れながら教えるのが、混乱を招かず、望ましいと思われる。

また、関係性や反省能力を重視する柔軟な自己のあり方、「思いやり」「気配り」「譲り合い」を大切にする道徳観は、多くの人々の考える「日本らしさ」の核を形成していると言えよう。

「言語はツールに過ぎない」という浅薄な観点に立ち、ビジネスの論理先行で、早期の英語教育の導入など日本社会の英語化を進めれば、「日本らしさ」が失われ、多くの日本人が疎外感を感じる日本社会ができてしまうのではないだろうか。

▼英語化で壊されるもの②――「ものづくり」を支える知的・文化的基盤

次に英語化が日本の経済力に与える影響について考えてみたい。経済力や、そこからもたらされる経済的豊かさも、多くの日本人が日本の良さや強みとして挙げるものだ。

英語化を推進する人々は、日本の経済的強さの復活のカギは一層のグローバル化にあり、その具体的方策の一つとして英語化があると主張する。

しかし冷静に考えてみれば、一国の英語力と経済力との間に特段の相関関係を見出すことは容易ではない。たとえば、GDPの上位五ヵ国は、アメリカ、中国、日本、ドイツ、フランスだ。他方、英語を公用語の一つに加え、日本よりも英語が堪能な人々が数多くいるフィリピンなどのアジア諸国、あるいはケニアなどのアフリカ諸国は、さほどの経済力を備えていない。

常識的に考えて、経済力のある国とは、「英語力のある国」ではなく、「自国の言葉をしっかり守り、発展させてきた国」と言ったほうがよいだろう。

さまざまな産業のなかでも、日本の高いGDPを牽引してきたのは言うまでもなく製造業だ。この「ものづくり」の根幹をなす創造性と母語のつながりももっと意識されてよい。「ナレッジ・マネジメント」（知識経営）という分野を広めた経営学者の野中郁次郎《いくじろう》氏は、暗黙知から明示的な知を作り出すプロセスの巧みさこそが、日本の製造業の創造性の源泉だと論じた。*12

新しく何か（理論でも、製品でも、あるいはセールスのやり方でも）を作り出す時は、必ず、新しい「ひらめき」や「カン」「違和感」のような漠然とした感覚（暗黙知）を試行錯誤的に言語化していくプロセスが求められる。このプロセスを母語以外の言語でやることはほぼ不可能だ。日本には、母語である日本語で新製品の開発という高度に知的な作業を行う環境が整っていたからこそ、日本の製造業は発展し得たのだと言えよう。

意外に感じるかもしれないが、日本人の創造性は、海外から高く評価されている。二〇一二年の春に、アメリカのソフト企業アドビ社が日・米・英・独・仏五ヵ国の一八歳以上の成人各一〇〇〇人ずつ計五〇〇〇人に対して行った調査では、最も創造性の高い都市は東京であり、国は日本であるという回答が得られている。[*13] また、イギリスの「エコノミスト」誌の国際技術革新力指標でも、日本がここ数年トップを占めている。[*14]

▼創造性を損なう外国語での思考

日本人の創造性の高さやその理由は、外国人のほうがよく理解しているかもしれない。韓国の新聞「韓国日報」が、自然科学分野で日本人のノーベル賞受賞者は続出する一方で、韓国人の受賞者がいない（韓国人の受賞者は二〇〇〇年の金大中氏のみで、部門も平和賞だった）のはなぜか、というテーマの論評を載せたことがある。そこで論じられたのは、次のようなことだ。[15]

日本では、明治以来、西洋の自然科学概念を日本語に訳してきた。「そのおかげで、日本人にとって世界的水準で思考するということは世界で一番深く思考するということであり、英語で思考するということではなくなった」。他方、韓国では「名門大学であればあるほど、理学部・工学部・医学部の物理・科学・生理学などの基礎分野に英語教材が使われる。内容理解だけでも不足な時間に外国語の負担まで重なっては、韓国語で学ぶ場合に比べると半分も学べない。（……中略……）教授たちは、基礎科学分野の名著がまともに翻訳されていないからだと言うが、このように原書で教えていては翻訳する意味がなくなる。韓国語なら一〇冊読めるであろう専攻書籍を、一冊把握することも手に負えないから、基本の面で韓国の大学生たちが日本の大学生たちより遅れるのは当然だ」

ノーベル物理学賞を受賞した益川敏英氏も、中国と韓国を訪問した際、なぜアジアで日本だけが次々と受賞者を輩出しているのかという彼らの問いにぶつかり、母国語で専門書を読むことができる日本の優位性をしみじみ感じたという。そして、英語偏重教育に疑問を投げかけ、「専門分野の力がおろそかになったら元も子もない」と懸念を呈している。[16]

高等教育がほぼすべて英語で行われているインドからも同様の報告がある。

アジア政治が専門の北海道大学大学院の中島岳志《たけし》准教授によると、インドでは、日本とはまったく逆に、近年、大学教育を英語ではなく、インドの言葉でするべきだという議論が高まっている。[*17] その背景には、インドの大学教育は大部分英語で行われているが、それが若者の創造性を奪ってしまっているのではないかと危惧されている事情がある。この問題をとり上げたインドの週刊誌「アウトルック」のコラムニスト、デバーシ・ダスギュプタ氏は次のように述べている。

「長年にわたってインドの諸言語が現代の科学技術的議論から切り離されてきたために、これらの言語は非科学的な考えを表すのにしか向いていないとされてきた。その結果、土着の科学の言葉や伝統は、崩れかかった図書館の虫に食われた分厚い本のなかで忘れ去られている」

また氏は、現地の識者の次のような声を紹介している。

「このままではインド版アントニ・ガウディは永遠に生まれない。専門教育が英語でしか提供されない環境では、他人のコピーしか作り出せない」

大学の自然科学系の授業の英語化は、インドや韓国などの国々のほうがはるかに先行している。だが、これらの国の自然科学の研究水準は日本よりもかなり遅れているようだ。英語化すれば学問の水準が上がり、創造性や研究開発力が増すというのは幻想に過ぎない。

▼「翻訳」の衰退が招く日本語の「現地語」化

創造性に関してさらに述べれば、研究者の一人として、大学の授業の英語化に対して日頃、肌で感じている懸念がある。授業の英語化は、日本語の専門用語の発達を阻害し、日本語の「現地語」化をもたらすのではないか、という懸念である。

授業を英語化してしまえば、当然ながら、授業で用いるテキストや参考文献も英語の書籍を用いることとなる。そうなれば、外国語で書かれた専門書の邦訳の需要は減り、刊行点数が激減するだろう。

出版不況が続く現在、学術系の出版社の多くは経営的に苦境に陥っている。赤字リスクの少ない書籍しか刊行できないような状況だ。大学のテキストとして使用されることは、専門書の非常に大きな需要なので、大学の授業の英語化が進み、その大きな需要が消滅するとなれば、出版社は、専門書の翻訳出版を見合わせるようになるはずだ。

さらに言えば、日本語で書かれる学術書も消えていくだろう。大学の授業の英語化が進めば、日本人の研究者が日本語で執筆し、出版することも同じ理由で難しくなる。

結果的にもたらされるのは、日本語が、学術の言葉ではなくなってしまう事態である。各学問分野の最先端の概念は、日本語に翻訳されず、日本語はそうした専門的語彙を持たない言語となってしまう。次第に、知的な思考や議論が日本語では行えなくなるのである。高度な議論を行うための語彙を備えた「国語」である日本語が、「現地語」へと退化するのだ。

繰り返しになるが、母語での思考こそ、創造性の源泉である。結果的に、大学の授業の英語化は、日本の大学の国際競争力の強化どころか、日本の学術文化の著しい衰退を招くことにつながるだろう。これは文系、理系を問わずに言えることだ。

そして、学術の劣化と日本語の退化は、実業の世界での創造性にも悪影響を与えるに違いない。

逆に言えば、製造業をはじめ、日本の産業が現在の地位にいるのは、日本語の力に負っているところが少なくないのだ。

▼ものづくりと日本語

より実践的な「ものづくり」の現場に目を転じてみたい。日本のものづくりの巧みさは、前述の日本語の特性にも関係している。

たとえば、東京大学で経営学を教える藤本隆宏《たかひろ》氏は、日本の製造業が世界的に見て特異な強さを持つ理由は、「擦《す》り合わせ型」製造業において活発な製品開発を行っていることだと指摘している。

藤本氏は、製造業を「擦り合わせ型」と「組み合わせ型」に分類する。[*18]「擦り合わせ型」製造業とは、自動車やデジタル一眼レフカメラなどのように、各部品を相互にうまく適合させていく開発プロセスが欠かせない分野を指す。そこでは、最適な結果を得るために、各部品の試作品を作り、何度も打ち合わせを行って、独特で複雑な最終製品を生み出していく。

たとえば、トヨタが新車を開発する際には、でき合いの汎用品《はんようひん》を組み合わせるのではなく、部品メーカーと協議を重ねて、独特の個性を持つ部品を作り、製品を仕上げていくだろう。日本が得意とする分野にはこのようなプロセスが必要であるものが多い。

一方の「組み合わせ型」製造業とは、汎用の部品を集めて、組み立てれば新製品ができてしまう分野を指す。アップル社のｉＰｏｄやｉＰｈｏｎｅが好例だろう。求められるのは、一番安くて品質のいい既存の部品を見つけ出し、組み合わせていくことだ。

日本の製造業で特に強いのは、自動車やデジタル一眼レフカメラなどの「擦り合わせ型」である。逆に、自転車は「組み合わせ型」で、最近は台湾など新興工業国が強いようだ。

先ほど見た「思いやり」「譲り合い」という道徳と通底する日本語による「協調」重視の思考は、「擦り合わせ型」の製品開発を円滑に進める効果を持つ。「擦り合わせ型」の産業では、コミュニケーションを密にし、良い物を作ろうという一つの目標に向かって、まさに擦り合わせを行う。自己主張を第一にするのではなく、周囲を見渡したうえで互いに調整を繰り返し、全体として最適な解を見出そうとする発想のもと、開発や製造の現場が協調していくからだ。

英語的な思考法で、開発や製造の現場に携わる人々の思考形態が変化し、まずは自分の意見をぶつけ合って、譲ることなく議論する姿勢を当然のものとするようになれば、「擦り合わせ」の効率は下がり、日本の強みは低下して、やがて、どこにでもある普通の水準のものづくりに転落していくのではないか。

英語化の推進が日本の経済力の強化につながるかどうかは非常に疑わしい。むしろ、創造性やものづくりといった日本の産業の強みを破壊し、ますます経済を弱体化させてしまうだろう。

▼英語化で壊されるもの③——良質な中間層と小さい知的格差

ものづくりにも大いに関係するが、日本社会の良さとして、知的レベルが高い良質な中間層の存在がある。

かつて『ジャパン アズ ナンバーワン——アメリカへの教訓』でエズラ・ヴォーゲルは、日本の強みとして、格差が小さく、賢明な庶民が数多くいることを挙げた。[*19] たとえばヴォーゲルは、「東京駐在の外国の特派員たちがうらやましがること」として、日本の新聞記者が「記事を書くときにレベルの高い読者を想定して書けること」を挙げている。そして「日本の三大新聞の平均的読者は、アメリカ東部の一流紙の読者よりも国際政治に通暁している」というアメリカの有力紙の駐在特派員の声を紹介していた。日本には知識層と庶民層との区別がほとんどなく、一般庶民も知識層と言ってよいほどの知識を有していると述べたのである。これは現在でも大きく変わってはいない。[20]

こうした中間層の知的水準の高さも「翻訳」と「土着化」を通じた国づくり、つまり日本語を守り、外来の知に学びつつ日本語を豊かにすることによって近代化を図ってきた果実なのだ。

日本において知的格差が小さいことはOECD（経済協力開発機構）が実施した「国際成人力調査」（二〇一三年一〇月公表）でも明らかになっている。[21]この調査は、成人が一般的な社会生活を送るうえで必要な能力や学力を測ったものだ。OECDが世界二四の国と地域の調査結果を比較したところ、日本は「読解力」と「数的思考力」で他国を大きく上回り第一位だった。

ここで強調したいのは、日本が第一位だったこと以上に、普通の人々のレベルが実に高いという結果が出たことだ。図表5にもあるように、「読解力」に関して、何と日本の「単純作業の従事者」のほうが、アメリカやドイツの「セミスキルド・ホワイトカラー」（事務職、サービスおよび販売従事者、つまり一般的サラリーマン）よりも、点数が高いのだ。[22]

良質な中間層の存在は、「翻訳」と「土着化」を通じた近代日本の国づくりの恩恵を受

図表5　職業別　読解力の習熟度分布（20～65歳）

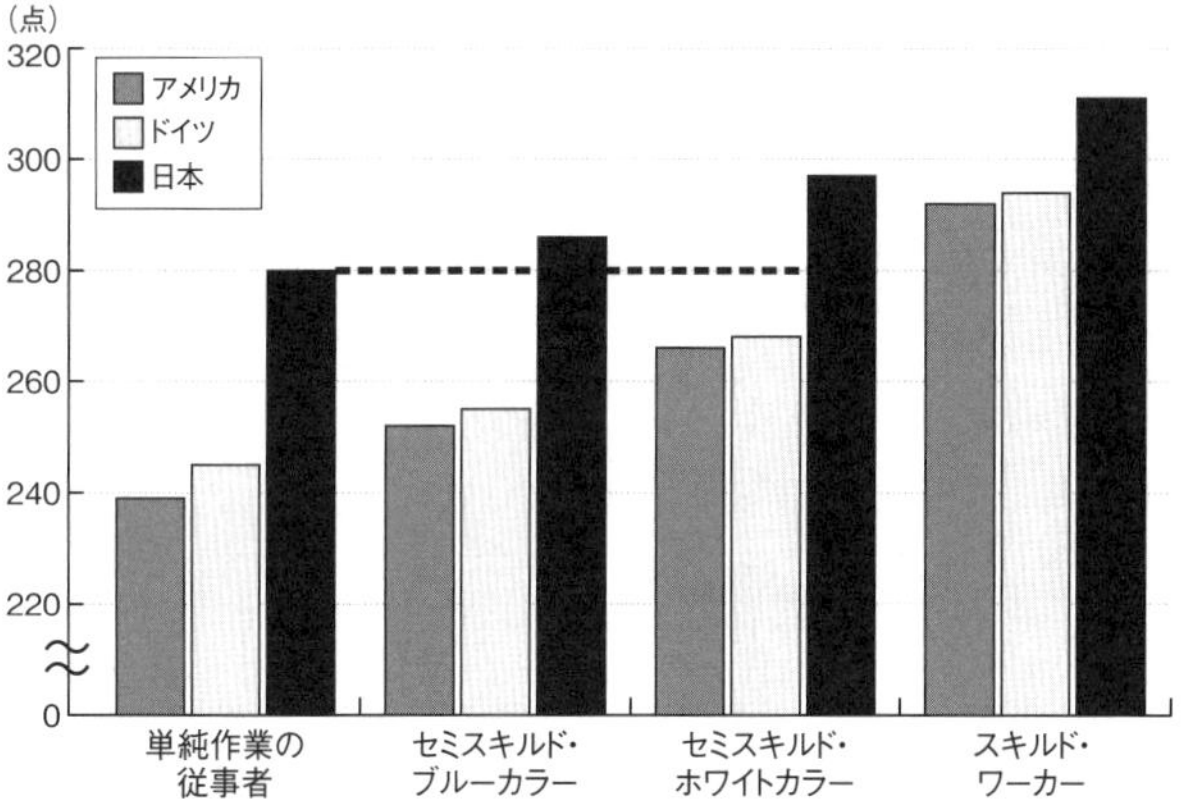

出典：文部科学省「OECD　国際成人力調査　調査結果の概要」

けている。母語による教育が行き渡っていなかったら、あるいは母語によってさまざまな情報を得ることができるマスコミが発達していなかったら、高水準かつ均質な中間層は作り得なかった。

▼知的格差を作らない日本語の力

なぜ日本において知的格差が少ないのか、その理由の一つは、日本語の特性に隠れている。

先述の鈴木孝夫氏は、日本語の表記システムに漢字があることが、一般庶民と知識層との間に諸外国のような際立った格差ができない一因だと述べている。[*23] 特に、日本の漢字には、中国や朝鮮半島などとも異なり、「音読み」と「訓読《くん》み」があることが、知的格差を作らないという点で大きいと論じている。

鈴木氏によれば、たとえば英語だと、知識層が使うような専門的語彙は、一般の人々には初見ではまったく意味がわからず、とっつきにくい語がほとんどなのだ。鈴木氏は次のような例を挙げている。

pithecanthrope（猿人）、hydrocephalus（水頭症）、pyroclastic（火砕流）、anthropophagy（食人）

これらの英単語は、専門的語彙であり、英語を母語とする人々でも、よほどの専門家でなければ理解が及ばない。鈴木氏は、イェール大学に客員教授として赴任していた時、あるセミナーの席で、人文社会系の大学教員や大学院生を前にして、"pithecanthrope" という単語を黒板に大書して、意味がわかるか尋ねた。そうしたら、この単語の意味がわかる人はまったくいなかったというのだ。

日本だと、たとえ専門外の人の集まりでも、「猿人」と書けば、だいたいの人はその意味がわかる。

英語の高級語彙（専門的語彙）は、ラテン語やギリシャ語に由来するものが大部分だ。ラテン語やギリシャ語に精通した人であれば、初見でも、こうした高級語彙の意味がおおよそ推測できる。たとえば、hydrocephalus（水頭症）であれば、hydro は水、cephal- は頭に当たるギリシャ語由来の綴りである。

だが、ギリシャ語やラテン語に通じている人は、欧米でも現代ではごく少数のインテリに限られる。英語を母語とする人でも専門家でない限り、上記のような単語の意味を語源から推測することはほとんど不可能である。

日本語でも、音だけで「suitosho」「kasairyu」「shokujin」と言われると、なかなか何のことか想像がつかないが、漢字を見ればわかる。たとえば、「水」という漢字には、「スイ」という音読みだけでなく、子供でも日常生活で使う、なじみやすい大和言葉である「みず」という訓読みが付く。日本語の場合は、「スイ＝水＝みず」という具合に、高級語彙を形成する漢字の音という外来要素が、その漢字の訓というなじみやすい日常の言葉（大和言葉）に結び付けられているために、日本語の高級語彙は、わかりやすく、覚えやすいのだ。

このように、鈴木氏の説明によれば、漢字の音読み・訓読みとは、外来の抽象的概念を、身近な日常語に結び付ける働きを持つ仕組みだというのである。高級語彙と日常の言葉にあまり断絶が生まれない日本語というのは、「知識人」と「一般の人々」という仕切りをあまり生じさせず、格差を作り出しにくい、平等な言語だと言える。

実は戦後の一時期、GHQ（連合国軍総司令部）は、日本語のローマ字化を考えていた。日本語が漢字、ひらがな、カタカナからなる複雑な表記法を持つことが、人々の学習にとって負担であり、日本の「民主化」を遅らせると誤解したのだ。日本人のなかにも、同様の理由で漢字廃止を訴えた者は少なくなかった。

しかし、これは大いなる間違いであり、その道を歩まなかったことが、戦後日本の発展を支えたと言ってよいだろう。

▼英語化で壊されるもの④――日本語や日本文化に対する自信

そして、英語偏重教育の弊害として私が最も懸念するのは、子供たちが母語である日本語や日本文化を、英語や英語文化よりも、価値の低い、劣ったものだと考えてしまうのではないかという点だ。

現在、政府は、数年後から中学校の英語の授業を原則的に日本語禁止のオール・イングリッシュ方式で行うことを目指しているが、オール・イングリッシュの教授法は、学習者の自分の母語や文化に対する自信を失わせてしまうのではないかという疑念が以前から提示されている。

前出の言語教育の専門家ロバート・フィリプソンもこうした疑念を提示してきた一人であり、教室から学習者の母語を排除してしまうことの悪影響を強く懸念している。

フィリプソンによれば、ドイツの言語や文化の広報機関であるゲーテ・インスティテュート（ドイツ文化センター）付属のドイツ語学校も、かつては単一言語使用の方法論、つまり「ドイツ語はドイツ語のみで教えるべきだ」という方針をとっていた。しかし、ゲーテ・インスティテュートは一九八〇年代にこの方針を改めた。「学習者の母語を教室から締め出すような教育は、彼らに疎外感をもたらし、彼らから文化的アイデンティティを奪い取り、異文化間コミュニケーションの能力の向上ではなく文化変容を引き起こす」[*24]と指摘されたからである。

フィリプソンは、この点について、「確固たる文化的アイデンティティを身に付けていると考えられる成人の学習者に対する外国語としてのドイツ語教育にすら、こうした異論があるというのであれば、感受性の強い子供たちに一言語のみを用いて行う教育が壊滅的な結果をもたらし得ることは想像に難くない」[*25]と論じている。

オール・イングリッシュ方式の授業の導入だけでなく、小学校からの英語の正式教科化や大学の授業の英語化、企業の英語公用語化などの近年の英語化推進の流れは、まず間違いなく子供たちに「日本語や日本文化は、英語や英語文化よりも劣っている」という強いイメージを与えることになるだろう。

省庁や自治体、国立大学、大企業などが「英語化を進めれば進めるほど先進的なのだ、知的なのだ」というイメージを周囲に振りまいているのだから、子供たちが影響を受けないわけがないのだ。

そう遠くない将来、日本人の多くが、「あの大学は、まだ日本語で授業している。三流大学だな」「社内で日本語が聞かれるようでは一流企業ではない」などと普通に感じるようになるに違いない。

しかしそうなってしまったら、法的には独立国家の体裁を保っていたとしても、日本人のものの見方は植民地下に置かれた人々と似たようなものになってしまう。

ケニアの作家グギ・ワ・ジオンゴは、日本の村上春樹氏同様、ノーベル文学賞候補として毎年のように名前が挙がる人物なのだが、グギは、英語で小説を書くのをやめ、ある時期から自分の母語であるギクユ語で執筆するようになった。母語で書かなければ、自分たちの本当の感情は表現できないし、文化の独立や発展にもつながらないと考えるようになったからだという。

グギは、植民地体制下では一般に、宗主国の人間は自分たちの言語を、現地の言葉よりも価値の高い一種のステイタス・シンボルにしようとすると指摘する。そして、その影響は現地の人々にも広く及んでしまうと言う。英語をことさら重視することで、現地の言葉は汚名を着せられ、英語と同等に価値があるものと見做されなくなる。その結果、現地の文化や言語の創造性が損なわれてしまうと、グギは危惧するのだ。[*26]

もちろん日本は植民地下に置かれているわけではない。しかしながら、近い将来の日本の子供たちの多くは、植民地下の人々と同じような状況に陥るのではないか。英語的な価値観や思考方法こそ先進的でカッコいいと思い込み、日本語や日本的価値観、ひいてはそれを身につけている大多数の日本人を軽く見るようになるのではないか。

第二章で触れたように、聖書学者の田川建三氏は、宗教改革における聖書の各国語（「土着語」）への翻訳の意義の一つとして、一般庶民が自分たちの言語に対して抱いていた劣等感を吹き飛ばし、彼らに自分たちの言語や文化に対する自信をもたらしたということを強調している。「ラテン語という『国際語』『文化語』『学術語』『書物の言語』に対してひたすらコンプレクスを持ちつづけていた人々」が、宗教改革時の聖書の翻訳のおかげで、そのコンプレックスを払拭《ふっしょく》することができた。それが当時のヨーロッパ各地の庶民に限りない自信と活力を与えたのだ。

昨今の英語偏重の教育改革の提案は、日本の一般国民から、特に次世代を担うはずの子供たちから、日本語や日本文化に対する自信、およびそこから得られる活力を根底から奪い去ってしまう危険性がある。

ごく一握りの自信に満ちあふれた無国籍なグローバル・エリートと、日本語や日本文化に対する自信を失い打ちひしがれた大多数の一般国民。まさに中世ヨーロッパ並みの格差社会が、近い将来の日本で再現されるのではないか。

▼英語化で壊されるもの⑤――多様な人生の選択肢

最後にもう一つ、英語化推進とその背後にある新自由主義的なグローバル化の流れが破壊する、日本の良さについて触れておきたい。日本の自律性の高い経済が人々に与える人生の選択肢の多様さだ。

図表6 各国の輸出依存度（対GDP比）

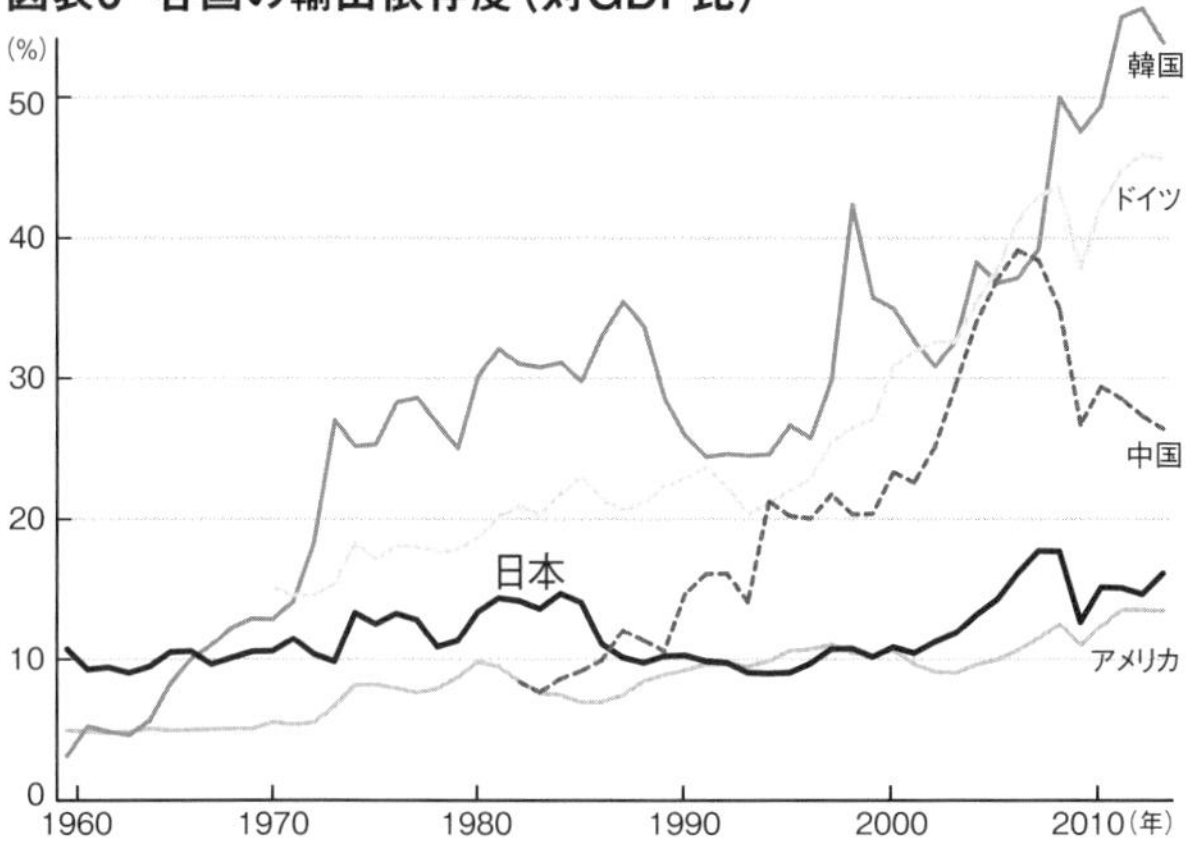

世界銀行WDIオンラインデータベースより作成

「貿易立国」というマスコミの作り出す誤ったイメージと異なり、日本の貿易依存度は国際的に見れば非常に低い。戦後日本の輸出依存度や輸入依存度は、ほぼ一貫して、ともに一〇～一八パーセント程度である。また、「日本の高度経済成長は海外への積極的な輸出によってなされた」というイメージも強いようだが、これも正確ではない。高度経済成長期の日本の輸出依存度も、実際には一〇パーセント程度に過ぎなかった（図表6）。高度経済成長の大部分は、国内の資本や産業を育成し、国民を富ませ、購買力を高めることによってなされた。つまり、内需中心型の経済を作り出すことによって実現したのである。

現在でも、日本の貿易依存度は極めて低い。

たとえば世界銀行の二〇一一年の統計によると、日本の貿易依存度は調査対象国一八〇ヵ国中一七五位。二〇一二年の統計でも、世界一九一ヵ国中一八四位だった。

依存度が低いのは、日本人の国産化能力、つまり一種の「翻訳」と「土着化」の能力の賜物《たまもの》にほかならない。原油をはじめエネルギーや資源は輸入に頼っているが、それ以外のものは積極的に国産化し、多くの国民が多種多様な産業を担い、自律性の高い経済を作り出すことに成功してきたのである。

貿易依存度が低いことのメリットとして、よく言われるのは、外国の政治や経済の不安定さの影響を受けにくい点である。外国の政治や経済について、我々がコントロールすることはできないのだからこれは重要なことだ。

しかし、見落とされがちだが、もう一つ重要なことは、国内に多種多様な産業が成立しているため、人々が実質的に選べる職業の選択肢が多いということだ。職業の選択肢が多いということは、現代世界では、人生の選択肢が多いこととほぼ同義である。いわゆる「選択の自由」を日本社会では広く享受できているのである。

国内に成り立っている産業の数が少ない国では、より収入の高い職業に就くために、国外で働き口を求めなければならない場合が必然的に生じる。しかし、国外で希望の職に就くことは、費用などの面だけでなく、言葉や慣習への適応というハードルがあって、実際には非常に困難だ。

たとえば、ＩＳＩＬ（いわゆる「イスラム国」）に共感する若者が急増していることで問題化している、イギリスやフランスなどヨーロッパ在住のイスラム教徒の事例はこの点と関わっている。イスラム教徒の移民たちは、祖父母、あるいは父母の世代で中東からヨーロッパに渡ったが、良い職業に就けず、経済的に恵まれない環境に置かれ、彼らの子孫である若い世代がヨーロッパ社会への憎しみを募らせている。なぜ、彼らはわざわざ母国を離れてヨーロッパに渡ったのか。その理由は「国内には良い仕事がないから」であることが多い。つまり国内における「職業選択の幅」があまりに狭かったことが、社会の、いや世界の不安定化を引き起こす結果となってしまったのだ。

貿易依存度が低く国内に多様な産業をかかえ、日本語や日本の慣習のもとで多くの職業に就ける日本は、人々に、格差なく多様な人生の選択肢を提供していると言える。さまざまな人生の選択肢にアクセスしやすいということは現代日本の誇るべき点の一つだ。

だが、グローバル化や英語化は、日本のこの利点を自ら台無しにしてしまう。

ＴＰＰ加入などのグローバル化の推進は、当然ながら日本の貿易依存度を高める。そうなれば、国内で成立する産業の数は減少する。人々が国内で選べる職業の選択肢も減ることとなる。

また英語化推進によって、知的職業、専門的職業の多くは、たとえ日本国内に残ったとしても、近い将来、日本語だけではやっていけなくなる。英語公用語化を進める企業も増えつつあるし、前述の通り、政府もあろうことか一部の特区内では税制上の優遇措置を設けるなど、企業の英語公用語化を後押ししようとする提案も見られる。英語ができなければ就けない職業の数は、日本国内でも今後増加の一途を辿ることが予想される。

現在のグローバル化推進派が信奉する新自由主義の経済理論は、自由貿易を絶対視する。自由貿易の理論では、各国は、比較優位な製品に生産を特化し、互いに生産物を貿易したほうが経済効率は高まると考える。しかし、机上の経済理論としては正しいとしても、現実世界ではこれは望ましくない。各国の産業構造は、少数の産業に偏り、いびつなものとなる。その結果、人々の人生の実質的選択肢は非常に狭くなる。

理論上では、人間は、言語や文化に縛られず、国境を越えて自由に移動し、新しい言語を身につけ、どこでもいきいきと暮らすことのできる存在だと見ることができるのかもしれない。しかし現実世界では、人間は、特定の言語や文化を担った存在である。言語の面からも、慣習や制度の面からも特定の文化のなかにいてはじめて十分に機能する存在なのだ。

言語的・文化的適応力が特段に優れており、またそれを磨く経済的環境も整っているごく少数の者であれば、新しい言語を自在に身につけ、国境にとらわれず移動し、たとえその言語を母語とする者が相手であっても、互角に競争する能力を持つことができるかもしれない。だが、圧倒的多数の人々は、そのような言語的・文化的適応力を持ち合わせておらず、経済的環境にも恵まれていない。

グローバル化・英語化が進展すれば、多様な人生の選択肢を享受できる日本人は、ごく少数の恵まれた者だけになってしまうはずである。大多数の人々は、今よりも選択の自由が実質的にはるかに少ない窮屈な社会で生きていかなければならなくなる。

▼英語化で日本の閉塞感《へいそくかん》は加速する

以上をまとめよう。英語化を進めていけば、日本は、安定した社会的・文化的基盤を失い、また「翻訳」と「土着化」という従来の国づくりのノウハウも発揮できなくなる。その結果、日本は知的にも経済的にも格差社会化し、国民相互の連帯意識も消失し、ごくごく一握りの富裕層しか各種の選択の自由を享受できない国となってしまうだろう。

最近の日本には閉塞感が漂っているとよく言われる。その閉塞感への処方箋がグローバル化だという言説すらある。しかし、ことは逆ではないのか。グローバル化の進展や、グローバル化が抗うことのできない時代の必然的流れだという思い込みこそが、閉塞感をもたらしているのだ。

なぜかと言えば、本章で見てきたように日本社会の良さは、グローバル化・ボーダレス化となじみにくいところで成り立っているからだ。安定した社会的・文化的基盤を守りつつ、それを壊さずに外来の知（外国の文化や思想、制度など）を主体的に選別・変容し、うまく取り入れてきたことに日本の良さの多くは由来する。

外来の知を、日本社会に合うように土着化（日本化）し、一般国民になじみやすいものとし、多くの人々が近代化の果実を格差なく享受できるようにしてきたところに日本の国づくりの強みが見出せる。

だが英語化が進めば、安定した社会的・文化的基盤を保ちつつ、近代的国づくりを支えてきた巧みな外来の知の受容の手法はとれなくなってしまうのだ。

第七章　今後の日本の国づくりと世界秩序構想

▼英語支配の序列構造

ここまで見てきたように、日本社会が直面している急進的な英語化の動きは、一部のビジネス上のエリートや投資家をより裕福にすることをよしとする新自由主義的な発想のもとで推し進められている。英語化推進の動きが続けば、「日本らしさ」や日本社会の「良さ」「強み」が消失しかねないこともわかった。

しかし、話は日本国内の事情にとどまらない。英語が覇権的な言語として世界で力を強めていけば、日本だけでなく他の非英語圏の国々にとっても、非常に不利な国際秩序が作り出されてしまう。

英語が文化や学問の世界で支配力を増していけば、非英語圏の人々も、英語でニュースを発信し、学術論文、小説や映画、あるいはアニメ、マンガや流行歌などを発表することになるだろう。それによって、英語文化はますます発展する。英語は現代社会を語り、学術的真理を探究し、人間の心理や感情のひだを繊細に論じることのできる、ますます豊かな言語になっていく。マスメディアの報道は英語によってなされ、英語圏を代表するものの見方が「世界標準」と規定される。その一方で、英語以外の言語は、発展する機会を奪われ、徐々に英語との格差に苦しむ――。実際、現在の世界はまさに、こうした方向に突き進んでいると言って過言ではない。

筑波大学で言語政策などを講じていた津田幸男《ゆきお》氏は、このように英語による文化支配が進む世界を痛烈に批判し、英語化の進展は、世界を不当な「英語支配の序列構造」のもとに落とし込んでしまうと警鐘を鳴らしている。[*1]

津田氏が作成した図（次頁図表7）をご覧いただきたい。[*2] 英語による文化支配の現状が進めば、日本を含む世界各国は、この序列構造のなかに否応なく組み込まれていく。

頂点に来るのは、アメリカやイギリス、オーストラリアなど英語を母語とする国々の国民だ。津田氏は、この頂点の層を「特権表現階級」と称している。

英語を母語とする人々、つまり「特権表現階級」に属する人々は、コミュニケーションの現場で、それが外交であろうが、ビジネスであろうが、学術の集まりであろうが、常に主導権を握ることができるようになる。内容の優劣はともかく、ことコミュニケーションに関する限り、英語のネイティブ話者は、常に強者となり、特権階級でいることができるのだ。

また津田氏は触れていないが、第六章で見たように、それぞれの言語には、自己認識や道徳意識といった面で文化的特徴が付着する。これらについても、英語を母語とする者の見方が、世界標準になる。この点でも、英語は一方的に恵まれた特権的存在となる。

「英語支配の序列構造」のなかで二番目の層は、「中流表現階級」だ。この階級には、英語を第二公用語として使う世界中の人々が当てはまる。旧イギリス植民地諸国（インド、マレーシア、ケニアなど）の人々、アメリカの占領下にあった諸国（フィリピン、プエルトリコなど）の人々である。本来の母語ではないが、ほとんどの教育、特に中等教育以上は英語で行われ、日常生活でも英語が欠かせない環境で育った人々だ。これらの国々での高等教育や専門的職業は、英語が共通語となっているため、彼らは英語母語話者に近い。津田氏は、「中流表現階級」は、「英語支配の序列構造」を支える中核となっており、限りなく英語母語話者、つまり特権階級に近づこうと苦闘する存在だと述べる。

英語母語話者からなる「特権表現階級」と、英語を第二公用語として用いる「中流表現階級」とを合わせると一〇億人ほどになる。この一〇億人が世界の残りの五〇億人を言語的に支配すると言うのだ。

▼言語だけが根拠となる不公正な世界秩序

図表7　英語支配の序列構造

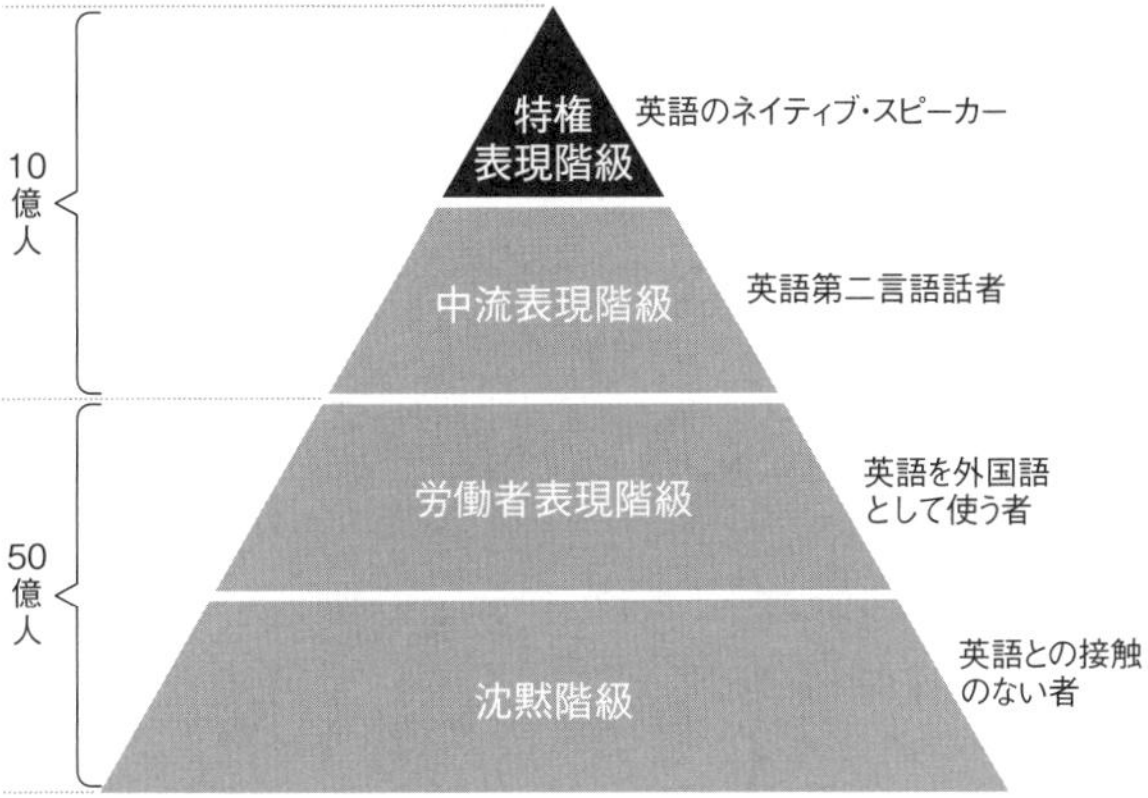

出典：津田幸男『英語支配とことばの平等』（慶應義塾大学出版会）

そして、第三の層は、「労働者表現階級」である。この階級は、英語を外国語として学んでいる人々が含まれる。国で言えば、日本やドイツ、フランス、中国、韓国、タイなどの国民がこれに当たる。英語を学校で学ぶ人々と言ってもよい。

これらの人々がなぜ「労働者表現階級」なのかと言えば、生涯英語を学ばなければならないから、つまり「英語学習」という労働を生涯強いられるからである。しかし、この階級は、「その英語力の低さゆえに、コミュニケーションでは常に『特権表現階級』『中流表現階級』に抑圧される運命にある」と津田氏は述べている。外交、ビジネス、学術などの各分野のコミュニケーションにおいて、上位の階級の者に主導権を握られ、劣位に甘んじざるを得ない。それでいて、ニュースや学術論文、小説などを英語で発表し、母語の文化ではなく、英語文化を豊かにすることを強いられる。つまり搾取され続けるのだ。

この序列構造の最下層は、津田氏によれば「沈黙階級」である。英語と接触することがほとんどない人々のことだ。国で言えば、反米的なイスラム諸国や北朝鮮などがこれに当たり、あえて英語を使わず、むしろ意図的に英語の情報を排除しようとする国々の人々だ。こうした人々の声は、国際的に伝わりにくいため、「沈黙階級」と称されているのである。

このように、世界的に英語化が推し進められた社会では、ただ「英語が自由に使いこなせるか否か」という基準だけで、厳然たる階層化が発生する。世界の政治経済や学術、文化への貢献度などといった実のある指標は度外視され、国民が英語に習熟してきたかどうかという点だけで地位が決まってしまう極めて不公正な世界秩序が、そこに立ち現れるのである。

▼勝てない日本

津田氏の議論は、日本人にとっては受け入れたくないものであるが、的確だと言わざるを得ない。英語化が進展すれば、日本は、津田氏の言うところの上から三番目の「労働者表現階級」に組み入れられ、英語母語話者、ならびに英語を第二公用語とする国々の下位に置かれることに甘んじなければならない。

「いや、三番目に甘んじるわけではない。英語教育改革や企業の英語公用語化の流れは、この序列構造のなるべく上のほうへ日本を押し上げるためのものだ」。英語化推進派からは、そのような反論が寄せられるかもしれない。

しかし、英語教育改革が、現在、提案されているよりも大規模に行われ、限りなく成功を収めたとしても、日本は、せいぜい二番目の「中流表現階級」の下部に食い込めるかどうかである。そして、そうなるためには、英語が、教育や仕事などの公的な場で欠かせないものとなっていなければならない。つまり、日本語だけでは十分に生活が成り立たない状態になっていなければならない。日本社会の英語化が「改革」によってそこまで進めば、日本は、マレーシアやインド、フィリピンなどの「中流表現階級」に晴れて仲間入りできるであろう。

だが、それが将来の日本人にとって幸せなことかどうかは大いに疑問だ。この場合、前章で見たように、現在の日本の良さや強みはもちろんのこと、日本人らしさや日本人としてのアイデンティティもほぼ失われているからである。経済力でも、これらの国々と並ぶ辺りまで落ちているはずである。

繰り返すが、政府や財界が官民挙げて取り組んでいる日本社会の英語化とは、日本社会の良さやアイデンティティの大部分を放棄し、英語による世界の階層化を加速させ、日本を三番目の序列に位置付けるものだと言わざるを得ない。

当然ながら、アメリカやイギリスなどの英語国には、学術文化でも、ビジネスでも、政治力でも、未来永劫《えいごう》勝てなくなってしまうはずである。

京都大学大学院教授の藤井聡氏と評論家の中野剛志氏は、ある対談のなかで、「結局、日本が現在進めているグローバル化とは、アメリカのような国になりたいと強く望んで、その実、フィリピンやインドのような発展途上国に堕《お》ちてしまうことだ」という趣旨のことを述べているが、[*3]その通りであろう。いや、フィリピンやインドのように、津田氏の示す序列構造のなかの上から二番目の「中流表現階級」に加わることができれば御の字かもしれない。やはりそれよりも下の「労働者表現階級」がせいぜいだと思われる。

▼非英語圏の星・日本の転落が世界に与える衝撃

英語化の進展による序列化の悲哀は当然ながら、日本だけが被るものではない。非英語国の多くは、多かれ少なかれ、日本と同じ状況に置かれることになる。アメリカやイギリスなどの英語国という「中心」にどのくらい近いかということで、世界中の国々が序列に組み入れられてしまう。非英語国は、圧倒的な劣位に置かれるのである。

この序列の少しでも上を目指そうとすれば、日本がそうであるように、非英語国は、大変な労力を強いられると同時に、多大な犠牲を払うことになる。各国の良さや強み、文化的アイデンティティは失われてしまう。また、英語化により、社会的統合や連帯意識の共有も損なわれ、民主主義の政治がきちんと機能しなくなる恐れも生じる。教育格差が広がり、それが経済的格差の拡大につながることも懸念される。英語国と対等以上になることは、金輪際不可能である。

言うまでもなく、このような国際秩序は、英語国に一方的に有利であり、不公正である。私は、英語化の問題を考えていてしばしば感じるのだが、日本の指導的立場にある者たちは「公正さ」の感覚が麻痺《まひ》してしまっているのではないか。正義感の麻痺と言ってもよい。

日本は、フランスやドイツと並ぶ非英語圏の先進国であり、大国である。フランスやドイツは英語に比較的近いヨーロッパ言語の国々であるが、日本は言語学的に英語から非常に遠い言葉を用いつつ、英語国に負けない豊かで近代的な社会を作った実績を持つ。言わば非英語圏の希望の星なのである。そうした国である日本が英語化に舵を切ることの世界的影響は決して小さくない。日本が英語化を進めれば、非英語国に対して、「やはり近代化するためには英語を用いなければならない」「英語を使わなければ、豊かな国にはなれない」というメッセージを発することになる。言ってみれば、日本は、英語による文化支配という不正な世界秩序の完成に自ら積極的に手を貸しているのである。

日本の英語化推進派の認識では、「日本社会の英語化を進めることは、日本をよりグローバル化することだ。島国根性が抜けきらず、後ろ向きで排他的な国民性を変革し、日本をより開かれたリベラルな国にするのだ」ということなのであろう。

しかし、世界的視野から俯瞰した場合、英語化の推進はまったくリベラルではない。米英などの英語国が一方的に有利になる不公正な世界の完成に率先して手を貸していることになるのである。

▼政治学における「グローバルな正義」

実は、こうした英語の世界標準語化がもたらす世界秩序の不当さ、不公正さについては、世界的に見ても、いまだに十分な議論が行われているとは言い難い。私の専門である政治理論の分野は、本来「公正さ」や「正義」といった価値のあり方について論じることが多いが、英語支配の問題について十分な批判がなされているとは、お世辞にも言えないのが実情だ。

英米圏の政治理論や、それに強い影響を受けている日本の政治理論の分野では、近年、「グローバルな正義」の議論がさかんになされている。

「グローバルな正義」論とは、国際社会の不平等をどのように是正し、より公正なものとするべきかを論じる領域である。多国籍企業の活動、貿易、外国人労働者の増加、国境を越えた環境問題など、現代の経済社会では、一国だけではとり扱いにくい問題がますます増加している。そうしたなかで生じる格差や不平等を、どのように考え、扱い、解消していけばよいのかが、そこでのテーマとなる。

伝統的には社会主義の思想が国内の格差問題をとり扱ってきた。ジョン・ロールズなどの福祉国家の理論においても、国内社会での格差が射程であった。しかし、国際的相互依存の深まりとともに、国際社会における富やさまざまな機会などの不平等が強く意識されるようになってきたのである。

「グローバルな正義」論が問題にするのは、主に、現行の富の不平等をどのように改善するかである。たとえば、どのような形で国際的な税金の徴収とその配分のシステムを作り、どのように財を移転すべきだろうかといった問いが議論される。ここで言う「財の移転」とは「富の移動や配分」である。恵まれた国や地域、あるいは人から、恵まれない国（地域、人）へとどのように富を移動し、配分するかという議論がなされる。

このような提案は理論だけでなく、現実の政策論議でもしばしば取り上げられるようになっている。代表的な例はトービン税だ。

これは、アメリカの経済学者ジェームズ・トービンが一九七〇年代に提唱したもので、投機目的の短期的な通貨取引に低率の課税をするというアイディアである。[*4] 近年になって政治理論の分野でも改めて注目され、国際的不平等解消の現実的手段の一つとしてしばしば議論されている。同様に、石油や天然ガスなどの天然資源の利用から得た利益に課税し、その税収を国際的不平等の解消に役立てようとする地球資源税なども提案されている。[*5]

政治学ではないが、第四章でも少し触れたフランスの歴史経済学者トマ・ピケティも類似の議論を展開している。ピケティの場合は、国際的不平等の改善のために、国家間の協調のもと、国際的な資産税の制度を創設し、各国の資本家に一律に課税すべきだと論じている。

▼見過ごされる「言語による不平等」

このように、近年の政治学における「グローバルな正義」の議論の中心は、国際的な税制の創設とその活用などの提案、つまり「財の移転」の提案である。

しかし、この「財の移転」の提案には、批判も多い。まず、国際的に共通の税制創設の実現可能性は薄い。さらに、税制などの経済制度や福祉のあり方についての考え方が各国で歴史的にも文化的にも大きく異なることを考えれば、国際的税制の導入が望ましいとは、一概には言えない。[*6]

さらに根本的な批判として、「財の移転」の提案は、言わば病気の痛みを一時的にとり除く「対症療法」に過ぎないという指摘がある。私も同じ立場に立つ。「対症療法」だけでは不十分なのだ。

もちろん、現在貧困から飢餓に陥っている人々を、国境を越えて救済するという緊急避難的な対処は重要だ。しかし、それと同時に、不平等の原因それ自体をとり除き、貧困国が富裕国と同様、経済的に自立できるようにすることを目的とした議論も大いに必要なのだ。財をどのように移転するかの議論は大切ではあるが、国際的不平等の根本的解決を目指すものではない。

アメリカの政治哲学者トマス・ポッゲも、国際的不平等の問題を扱う際に、「財の移転」という対症療法だけではなく、現行の世界秩序の不当な「構造」それ自体に切り込む必要があると主張する。[*7]

ポッゲによれば、途上国の貧困とは、貧困国の国民が怠惰であるとか、先進国の政府や国民の善意に基づく活動が足りないとか、そうした問題ではない。貧困諸国が厳しい状況に置かれている根本的な原因は、先進国に有利で、貧困諸国に不利な、不当な国際社会の構造にある。貧困諸国が苦境から脱することが難しいのは、この構造そのもののせいなのだ。[*8]

ポッゲが批判するのは、貧困諸国に保護主義を認めず、市場開放を迫る現行の新自由主義的な国際経済体制だ。あるいは、先進国の製薬会社に有利であり、貧困諸国の国民の健康状態の改善に資することが少ない医薬品の知的財産権の枠組みなどである。

そしてポッゲは、このような構造を放置することは、殺人や盗みに等しい一級の不正義の実践（消極的人権の侵害）だと述べ、先進国の良識ある市民は、これを見過ごしてはならないと強く主張する。

ただそのポッゲにしても見落としているのが、これまで本書で論じてきたような、言語による不平等の問題だ。実際には、貿易体制や知的財産権制度といった複雑な問題以前に、世界の不平等を生み出している、もっとわかりやすい構造がある。それが英語による文化支配なのだ。

すでに見てきたように、英語国は、非英語国への教師の派遣、教材の販売、あるいは非英語国からの留学生の流入、高い文化的威信の入手、さまざまな会議や取引における交渉力の不均等な獲得など、英語による文化支配の構造から多大な利益を得ている。

他方、英語による文化支配は、貧困諸国の国づくりに大きな障害をもたらしている。大部分のアフリカ諸国においては、現地語では中等・高等教育が受けられず、実入りのいい職にも就けない。そのため、やむをえず、外国語としての英語を学ぶしかない。このことが深刻な経済的・社会的格差を生み、文化的アイデンティティや国民的連帯を損ない、発展を阻む大きな要因となっている。

▼いまだに残る欧米の支配者意識

言語の不平等の問題を意識的にとり扱っている数少ない政治理論家の一人が、ベルギーの政治学者フィリップ・ヴァン・パリースだ。英語支配の進展により、英語話者がさまざまな恩恵を一方的に受けているこの状態は公正ではないと、パリースは適切に認識している。そのうえで彼は、非英語話者が英語を学習する際の金銭的費用の半額を、英語国の人々が補助すべきだという興味深い提言を行っている。[*9]

しかし、このパリースにしても、英語支配の現状そのものは問題視せず、変革不可能な所与のものとして扱ってしまっている。

「公正さ」や「権利」の問題を主題として扱うはずの英語圏のリベラリズムの政治理論が英語による文化支配の不当性に鈍感なのは、一つには、やはり人間は、自分たち自身が加担している不正には目を背けがちだということがあるのかもしれない。

さらに、英語圏において英語による文化支配の不当さがあまり問題視されない理由には、日本社会における「時代の流れ」論と同様、英語の世界標準語化は人為的なものではなく、自然な流れだと見る向きが多いこともあるだろう。

しかし本書でもすでに指摘してきたが、これは真実ではない。フィリプソンなどが明らかにしてきたように、英語の隆盛の一因は、さかのぼれば、イギリス、そしてアメリカの植民地支配の歴史にある。また、第二次世界大戦後、イギリスやアメリカが、植民地を手放す際、旧植民地における実質的な政治力やビジネス上の有利さを残すため、国家戦略の一端として英語の覇権的地位を保ち、推進するよう努めてきた「成果」でもある。[*10]

たとえば、タンザニアは独立後、スワヒリ語で近代的な国づくりを目指した。スワヒリ語という「国語」を確立したおかげで、タンザニアは部族対立も少なく、国民意識もある程度高まった。しかし、一九九三年に大干ばつが起こり、IMFに支援を求めざるを得なくなり、この試みは頓挫《とんざ》した。IMFの融資条件の一つに、スワヒリ語による教育を控え、英語による教育を推進することが含まれていたからである。[*11]

▼「言語権」思想の普及は悪夢のシナリオ?

日本では「前向きなこと」「良いこと」と認識されている英語の普及活動が、実は自国の支配的地位を維持し続けるために米英が意図的に行っている国家戦略であるなどと言うと、「まさかそんな陰謀論めいたことを」と思う方もいるかもしれない。

しかし、これは隠れもない事実である。イギリスの文化戦略を事実上担う機関に「ブリティッシュ・カウンシル」がある。日本ではイギリス政府公認の英語学校といった認識が強いが、英語教育以外にもイギリス文化の発信を戦略的に行っている公共機関だ。

そのブリティッシュ・カウンシルが発行した『英語の未来』という書籍には、驚くべきことに、次のようなことが記されている。[*12]

すなわち、世界の人々が、母語で教育を受け、生活する権利、つまり「言語権」の考え方に目覚めたり、言語的多様性の保護に意識的になったりすることに、イギリスとしては警戒しなければならない。もし、各国の人々が「子供が母語で教育を受けることは人権の一つである」と主張し、「言語権」が人権問題として語られるようになれば、どうなるか。あるいは、実際の因果関係はどうあれ、「英語の世界的隆盛のせいで少数言語が数多く亡び、言語的多様性が損なわれた」という批判が高まれば、どうなるか。

この書籍の著者である言語学者のデイヴィッド・グラッドルは、こうした事態が生じ、英語がやり玉に挙げられることを「悪夢」だとし、そうならないようにイギリス英語の「ブランド・イメージ」を慎重に守っていく必要性を主張している。[*13]

「言語権」意識の高まりを警戒するこのような記述の書籍が、ブリティッシュ・カウンシルから堂々と出版されていることは、英語による文化支配の不当さに英語圏の人々がいかに鈍感であるかを明らかに物語っている。

グラッドルはまた、次のようにも述べている。英語とは、武器や軍用自動車などのような商品と異なり、複雑な道徳的含意を持たない「クリーン」かつ安全な輸出品であり、生産者と消費者、生産国と消費国の双方を利する輸出品だと長らく見做されてきた。また英語の輸出は、重要な商業的活動と同時に、国際援助活動の一端であるとも論じている。*14

グラッドルのこうした記述からもうかがえるように、英語支配の進展が招く国際秩序の不当さには思いも至らず、英語の伝播《でんぱ》は、非英語国の利益にもなるという見解が、英語圏の一般的人々の見方だと言える。

だが、英語による文化支配は、明らかに英語国に有利で、非英語国にいわれなき不利益を押し付ける不当な構造である。

先に触れたようにポッゲは、富裕国の国民が、それと知りながら現行の不当な国際秩序の押し付けを見逃すことは、殺人や窃盗と同様、貧困諸国の人々に対する人権侵害であり、高い緊急性を持って改めるべき状況だと述べている。英語支配の不当さを見過ごし、非英語国民の状況を改善しないことは道徳的に許されないことなのだ。

▼長期的国家戦略の欠如

以上見てきたように、英語化が進む世界のなかでは、日本は、「英語支配の序列構造」のなかで非常に不利な立場に甘んじなければならない。また、英語支配の進む現状は、世界的視野に立った場合でも、とても公正な秩序とは言えない。

将来の日本国民をみじめな地位に置かないためにも、また不正な世界秩序の完成に手を貸す倫理にもとった行為をしないためにも、日本は、長期的な国家戦略を持つ必要がある。つまり、「英語による文化支配を打破・是正し、将来の日本人が安心して暮らすことのできるもっと公正な世界秩序を作る」という戦略だ。

こうした長期的戦略が伴っていない英語化推進は、国民の税金をつぎ込みつつ、日本の国力を毀損《きそん》し、日本人にとって非常に不利な序列構造に日本を積極的に組み込むことになるわけであるから、ナンセンス極まりない。

しかし実際のところ、現在、政府が進める英語化の流れには、英語による文化支配を打破するという長期的戦略はまったく見えない。ナンセンスそのものなのが現状だと言わざるを得ない。

▼英語化した世界で日本が勝ち抜くという幻想

英語化を進める日本政府、およびその政策決定に大きな影響力を及ぼしている財界の面々の想定している日本の長期戦略とは、英語支配の打破などではまったくなく、現在のアメリカ主導のグローバル化や英語化の流れを前提に、そのなかで日本の位置をできる限り高めようとするものだと言える。つまり、グローバル化した世界でビジネスや国際政治、あるいは学術分野における競争に勝ち抜き、日本が世界で主導権を発揮していくために、グローバルな標準語である英語を国民に身につけさせるという戦略だ。

しかし、これは明らかに無理である。日本人が母語ではない英語で、英語を母語とするアメリカなどの英語圏の人々と各分野で本気で勝負したとしても、勝てる者はほとんどいない。

言うまでもなく、外国語で活動する場合、母語で活動する場合に比べ、労力も時間も大変にかかるものだからである。

また、企業などの組織運営の過程や、思考力の基礎になる教育・研究の過程を外国語で行うようになれば、当然ながら、大部分の組織や人々は、自分たちの潜在能力を十分に発達させ、発揮できるまでには至らない。組織運営や思考の基礎は母語であり、その基礎が奪われてしまえば、骨抜きにされてしまう。

それゆえ、日本が自前の長期的国家戦略を持とうとせず、アメリカ主導のグローバル化、およびその一端としての英語による文化支配を前提とし、そのうえで「日本人が世界を主導する」、あるいは「日本人が世界で勝ち抜いていく」などと望むのは、滑稽な幻想に過ぎない。

▼譲ってしまう日本

ここで一つ思考実験をしてみよう。

日本のとるべき長期戦略として他の道もあるかもしれない。「日本人が世界を主導する」「世界で勝ち抜いていく」ことを本当に望むのであれば、アメリカがそうしているように、自分たちの言語や文化こそ、最も合理的であり、世界はそれを学ぶべきだと主張してみてはどうであろうか。つまり、日本語や日本文化の価値を世界に主張し、広める努力をし、日本語の世界標準語化を狙ったらどうであろうか。

実際、アメリカ人をはじめとする英語圏の人々の多くは、「英語こそ世界標準語にふさわしい」「英語を学ぶことこそ、豊かさや近代化のカギである」と比較的素朴に考えているようだ。あるいはそこまで単純ではないとしても、アメリカ政府やアメリカ企業の多くは、「自分たちがなじみやすく活動しやすい環境を国際的に広げてやるぞ」と戦略的に思考していると言えよう。自分たちがなじみやすく活動しやすい土俵を海外に広げるということこそ、グローバル化の目的だととらえているのである。

アメリカをはじめとする英語圏の国々に伍して、日本が世界で主導権を握り、勝ち抜いていくためには、本来なら日本も、自らの言語や文化に強烈な自信を持ち、これこそが世界標準となるにふさわしいという前提で行動できなければならない。あるいは、日本人や日本企業に有利な環境を日本国外にできる限り広げてみせるという攻撃的な心構えを持たなければならない。

たとえばTPP交渉であれば、せめて「TPP域内では、日本語を公用語の一つとして認めよ」という程度の要求はぶつけ、交渉に当たらなければならないはずだ。

度量衡にしても、もはやアメリカでしか使用されていないマイルやフィートなどヤード・ポンド法は日本企業にとって参入障壁であると批判し、「国際標準のメートル法に改めよ」と要求しながら、全体の交渉を有利に運ぶ材料の一つにすることもできるはずだ。

▼日本人になじまない新自由主義的な世界秩序

だが、日本人にとって、アメリカ人を真似《まね》て、自分たちの言語や文化こそ最も合理的だと自画自賛的に考え、他国に対してそれを学ぶべきだと宣教師的に主張することは大変難しい。

前述の通り、日本では、各自が他者の観点に立ち自分の行為を反省し、互いに調整し、譲り合っていくことを尊ぶ道徳観が優勢である。常に自分は"I"（アイ）であり、そこから出発して状況を変革することに自我の成長を見出す傾向の強い欧米の文化とは大きく異なる。そのためなのか、多くの日本人は、ある一国の言語や文化、あるいはルールや制度を他国に押し付け、世界標準を作り一律化を図るというグローバル化戦略をとるのは得意ではないようだ。

たとえばクールジャパン戦略においても、日本式を押し付ける方向にはなかなか進まない。前述のように、日本はクールジャパン戦略の一環としてわざわざ英語特区を作ってまで英語を学ばせようとしているが、これは日本人の反省や相手に合わせた自己変革を好む道徳観の奇妙な現れとも見ることができる。

鈴木孝夫氏は明治以来の英語やドイツ語などの欧米言語の学習は、外国の観点を学んで自分自身、ならびに日本社会自体を高めていくという「自己改造」「社会改革」型の発想が根底にあったと述べている。[*15] アメリカや中国の外国語学習が、自分の優れた見方を相手に伝え、相手を変容させようとする「自己宣伝」「他者制御、相手折伏《しゃくぶく》」型であるのと対照的である。

日本の現在のグローバル化・英語化は、基本的には、いかにも日本的な「自己改造」「社会変革」型学習の少々歪んだ現代版だと見ることができよう。「英語を学んで、グローバルな人間へと己を高めていくべきだ」「日本社会を開かれた、より良き社会へと変えていかなくてはならない」という発想が基本にある。

以上からわかることは、アメリカ主導の現在のグローバル化の枠組みを前提としていては、「日本が世界を主導する」ことは困難だということである。英語を世界標準語化するという前提のもとでも、あるいはアメリカに倣《なら》って自国の言語や文化、つまり日本語や日本文化の他国への押し付けを狙おうと試みても、世界を主導することは難しそうである。

これは単に、言語能力の問題、あるいは自己宣伝・自己主張が苦手だからというだけではない。そもそも現在のグローバル化のように、各々の伝統や風土を考慮せず、単一の言語や文化、制度、ルールの優越性を認め、それで多様な地域を覆ってしまおうとする押し付けがましさを嫌うのが、日本人の道徳観だからである。

現在のグローバル化の背後にある新自由主義の思想は、各地域の文化や伝統、発展段階、国土の特性、産業構造などを軽視し、社会制度を大規模に変革し、統合された単一の世界市場を合理的に作ることを前提としている。そして、そうした環境下で、各国の国民に互いに需要を奪い合う経済的競争を行わせようという発想である。グローバル化や英語化の背後にあるこうした根本的発想自体が、実は大いにアメリカ的であり、日本人の肌には合わないのではないか。

もっと日本人の多くが望ましいと思い、その実現のために努力したい、汗を流したいと自然に感じる世界秩序構想、およびその一環としての日本の国づくりの構想を、日本の長期的国家戦略として明らかに描き出す必要がある。

▼日本が主張すべき世界秩序——棲《す》み分け型の多文化共生世界

では日本は今後、どのような世界秩序を目指し、国際社会に訴えていくべきなのか。

本書のこれまでの議論に基づけば、理想的な世界秩序構想のあり方に関して考えるうえで次の三つの観点が必要となってくる。

一つは、「グローバル化＝進歩」という誤った見方に立たない、より適切な近代化理解の観点である。二つめに、日本社会の「良さ」や「らしさ」を損なわず、一般の日本人が閉塞感や疎外感を覚えず、いきいきと暮らせるか否かという観点である。三つめは、国内的にも、また世界秩序構想としても、「公正さ」という価値を損なっていないかどうかという観点である。

幸い、いずれの観点とも、同じ結論を導く。一言で言えば、多元的秩序である。私の好む表現を用いれば、「積極的に学び合う、棲み分け型の多文化共生世界」とも言える。これは、ごく簡潔に述べれば、次のような発想で作られる世界秩序である。

人間は、言語や文化を多かれ少なかれ背負った存在である。各自の言語や文化、慣習、思考や行動の様式を基礎にした社会のほうが、人々は自分たちの能力を磨き、発揮しやすい。それゆえ各国、各地域ごとに、それぞれの言語や文化があり、自前のやり方があることを、互いに尊重すべきだ。そういう相互尊重の多元的枠組みがあってこそ公正な世界秩序だと言える。軽々しく「世界標準だ」「普遍的だ」などと口にして、自国の言語や文化、やり方を他国に押し付けたり、一律化したりしていくべきではない。

ここで提案している世界秩序は、もちろん、孤立主義的なものではまったくない。それぞれ外国との交流は重視する。外国と交流し、良いところは積極的に学んでとり入れれば、自国文化の多様性は増し、活性化もされるからである。

だがその際に重要なのは、それぞれ自国に合うように「翻訳」と「土着化」を繰り返すことである。そうしなければ、外来の知の恩恵を受けられるのは、ごく一握りの特権層だけになってしまう。格差社会化も進展し、人々の連帯意識は薄くなり、社会の安定性も失われる。

つまり、日本が訴えるべき理想的な世界秩序とは、各国が自国民の幸福を願い、自国の言語や文化、発展段階などを大切にし、特色ある国づくりをそれぞれ行っていくことのできる多元的な秩序なのである。

そしてこの多元的世界秩序では、各国は、外国から良いところを積極的に学びつつも、社会の安定性を損なわないように、また自国の一般的人々が等しくその恩恵にあずかれるように留意し、常に「翻訳」と「土着化」を怠らない。「翻訳」と「土着化」によって、社会の独自性や安定性と、多様性や平等性のバランスをとっていく。そしてそれぞれ、自国の一般庶民が能力を磨き、発揮し、社会参加しやすい国づくりを行っていくような世界である。

では、こうした理念をどのような形で実現していくことができるか、ごく簡潔にではあるが、より具体的な項目を挙げて検討してみよう。

▼内需中心型経済への回帰を

まずは国を支える経済についてである。私の提唱する、「積極的に学び合う、棲み分け型多文化共生世界」の構想を実現するためには、資本の国際的移動に対して一定の規制が必要となる。

第五章で見たように、資本の国際的移動の自由度が高ければ、各国は、国内の資本が海外に流出しないように、あるいは海外から資本を自国に呼び込んでくるために、一般国民の声よりもグローバルな投資家や企業の声に耳を傾けるようになる。そのことが、各国の政治の主目的を、一般国民の幸福への長期的配慮ではなく、グローバル企業がビジネスしやすい環境の整備へと変質させてしまう。そうなってしまえば、各国の言語や文化を大切にすることを通じて、一般国民がそれぞれの能力を磨き、発揮し、社会参加しやすい国づくりを行うことは不可能になってしまう。

資本の国際的移動に一定の規制を設ければ、各国では経済的自立性の高い内需型の国づくりを目指すことが要求されるようになる。内需中心型の国が多数存在する世界では、各国の財界には、自国民の所得を上げ、需要、つまり購買力の増加に寄与しようとする動機付けが生まれる。自国民の生活の改善と安定を目標とするようになる。

長い目で見れば、グローバル化に一定の歯止めをかけ、内需中心型の国づくりを促す世界のほうが、経済は安定し、一般国民の購買力も増すため、逆説的だが貿易も活発化するはずである。

▼経済的移民が生じない世界を

「棲み分け型多文化共生世界」の構想を実現するために、次に具体的に考えておきたいのが、移民の問題だ。この考え方のもとでは、近年のグローバル化の流れとは反対に、経済的移民を望ましいものとは考えない。念のため注意しておくと、政治的理由から出身国に居づらくなった人々、つまり難民の受け入れは、また別問題である。

現代世界における移民の大多数は、経済的移民だ。つまり、出身国では「豊かさ」や、就職などの「人生の多様な機会」が十分に得られないため、経済的動機から他国への移住が生じている。貧しい国から豊かな国への人の移動である。

「移民受け入れに消極的だ」と述べれば、日本を含めて現在の世界では、「排外主義的で非人道的な発言だ」「リベラルではない」などと受け止められがちだ。逆に、「移民受け入れに積極的だ」と言うと、リベラルな印象を与えることができる。

ところが、この社会通念は正しくない。移民の多くが経済的移民であるという現実に照らしてみると、「移民受け入れに積極的」な国の動機は、リベラルなものなどではまったくないのだ。

欧米の旧宗主国の多くは、旧植民地からの移民を中心に、多くの経済的移民を受け入れてきたが、その理由は自らの経済成長のためだ。世界の不平等な構造に乗じて、困窮している人々を安価な労働力として集めたのである。

そもそも人は、ある程度の豊かさと、多様な人生の選択肢や機会が自国内で得られれば、住み慣れた国を離れて、他国にそう簡単に移住を試みたりはしない。実際、外国への移民が多いのは決まって貧しい国々である。

国際的な貧富の格差を所与のものとして当然視したうえで、貧しい国の人々が先進国に移動し、先進国の人々が従事したがらない職種を担う労働者として働きやすい状況を作ることが、本当に人道的な（あるいはリベラルな）状況だと言えるのだろうか。明らかに否だ。本当に人道的なのは（またおそらく本当に「リベラル」なのは）、経済的移民などにならなくても済むよう、「豊かさ」や「人生の多様な機会」の点において、なるべく平等な世界を作ることではないのか。

「棲み分け型多文化共生世界」の構想では、経済的移民を望ましいものと考えない。そして、自国で豊かさや人生の多様な機会が得られる環境を、なるべく多くの人々が手に入れることのできる世界秩序づくりの必要性を主張する。経済的移民の送り出し国とならざるを得ないような貧しい境遇に現在置かれている国々の国づくりを、すでに豊かな国が積極的に支援することを求める。

前述の通り、現在の世界には、国際的な不平等を固定化してしまう構造が数多くある。英語による文化支配をはじめとする言語的不平等は、その最も深刻なものの一つである。発展途上国に対しても市場開放を迫り、保護主義的な政策を認めない新自由主義的な経済構造もそうであろう。「棲み分け型多文化共生世界」の構想は、こうした不当な構造の除去を積極的に要求するものなのだ。

▼「翻訳」と「土着化」の国づくりを継承すべき

ここで提案している「積極的に学び合う、棲み分け型多文化共生世界」の構想は、何より日本人にとって暮らしやすい世界であろう。閉塞感や徒労感を覚えつつ、何が良いのかよくわからないグローバル化なるものに強迫的に追い立てられていく必要はない。

我々日本人が、明治以来、奮闘し積み上げてきた国づくりのノウハウ——「翻訳」と「土着化」を通じた国づくりのノウハウ——をこれまでどおり活用していくこともできる。

第二章、第三章で見たように、「翻訳」と「土着化」を繰り返すことによる近代的国づくりとは日本の近代化の進め方そのものであったが、同時に、欧米諸国の人々はそれほど意識化していないとしても、欧米の近代社会の成立過程でも見られたものである。その意味で日本に特殊なものでは決してない。近代的国づくりの正当なやり方と言ってもよい。

日本は、「翻訳」と「土着化」を通じた国づくりに意識的かつ大規模に取り組んできた。そのノウハウの蓄積にかけては、世界随一であろう。外来の知の摂取、およびそれを日本化し、万人のものとしていく過程の巧みさに日本のアイデンティティを見出す者も多い。

たとえば、評論家の加藤周一である。加藤は、日本文化は、外来の知を受容し、それを巧みに既存の土着文化とミックスすることによって作られてきたとし、日本文化を肯定的な意味合いを込めて「雑種文化」と称した。[*16]

同様に、俳人の長谷川櫂《かい》氏も興味深い論考を提示している。[*17] 長谷川氏も、外来の知を柔軟に受容し、調和させ、活用してきたところに日本文化の特徴を見出し、これを積極的に評価する。太古でも近代でも日本人は、外来の文物を学び、選択・改良を繰り返し、自らになじみやすいものとしてきた。そして自分たちの生活の改善に役立ててきた。長谷川氏は、異質なものを調和させ、自らのアイデンティティを保ちつつも、多様な新しいものを創造していく力に「和」の本質を求めるべきだと述べ、こうした「和」を継承し、発展させていくことに日本文化の可能性を見出すことができると論じる。

外国の識者による指摘も少なくない。一例として、アメリカの経営学者エレノア・ウェストニーは、欧米からさまざまな知――特にさまざまな制度や組織――をとり入れて近代化に成功した明治日本の試みを、異文化間の相互学習の際立った成功事例と見做すことができると述べている。[*18]

このように、「翻訳」と「土着化」の国づくりは、日本のいわば特技である。日本の良さや強みを損ない、不公正な世界秩序ももたらすグローバル化・英語化に惑わされてはならない。日本は、蓄積してきた「翻訳」と「土着化」のノウハウを活かし、これまでどおり、安定性と多様性を調和させる国づくりを継続していくべきである。

▼日本の国際貢献のあるべき姿――「翻訳」と「土着化」の支援を

日本の政治家や財界人の多くは、アメリカ主導の新自由主義的グローバル化を前提に「世界に打って出る」「世界で勝ち抜く」という勇ましい言葉を繰り返している。またそのために、英語を身につけなければならないという半ば強迫的な思いにかられている。

だが、前述の通り、アメリカ主導のグローバル化を前提としていては、日本が世界で輝くことなど不可能である。

日本が本当に感謝される国際貢献を行い、他国からの尊敬を集める存在になるためには、不公正な世界を不可避的に作り出す現在のグローバル化路線と袂《たもと》を分かつ必要がある。つまり、日本がなすべき国際貢献とは、「棲み分け型の多文化共生世界」という、より公正な構想を提示し、その正当性を訴え、また実現のための援助を積極的に行うことである。

新興諸国の置かれている状況はそれぞれ異なるが、長期的にはどの国も、豊かで安定し、なおかつそれぞれの国の人々が大きな格差を経験することなく人生の多様な機会を得られるような国づくりを志向していると言える。これを実現するためには、各国はそれぞれの言語や文化を大切にしつつ、外来の先進の知を学び、一般国民の生活の改善に役立てていかなければならない。つまり、「翻訳」と「土着化」の作業の必要性に直面する。

ここで日本の経験は大いに役立つはずである。前述の通り、日本は、「翻訳」と「土着化」のノウハウを多数蓄積してきている。外国の知識をいかに翻訳するか。海外の先進の技術や知識を学びつつ、国内資本の産業をいかに整備していくか。伝統的な文化や慣習を活かしつつ、近代社会の事柄を円滑に処理できる法律や制度をどのように整えていくか。以上のような事柄についてのノウハウである。

言語の例をとれば、日本の大学が授業を英語化したり、企業が英語を公用語にしたりしても、他国の役にはほとんど立たない。尊敬されることもない。むしろ、日本の学生の専門知識のレベルや学術研究のレベルが低下し、企業の業績も落ちるゆえ、冷笑をもって迎えられることになるだろう。

むしろ日本がなすべきは、新興諸国の人々が、母語で高等教育まで行えるように、そして母語で専門職を含むさまざまな職業に就けるように、「翻訳」と「土着化」の国づくりのノウハウを提供し、親身に支援することである。

日本にできることは数多くある。たとえば、母語による教科書を作成するためのノウハウやそれを出版するための金銭的助成、母語で教える教師の育成などである。また、法律や経済、自然科学の専門用語の翻訳支援などである。

すでに日本政府が実際に取り組んでいる試みとして、発展途上国に対する法整備支援がある。法務省を中心に一九九〇年代から始まったもので、日本の法律の専門家が、ベトナムやラオス、ネパール、ミャンマーなどのアジアの途上国に対して、近代的な法制度づくりの手伝いをしようというプログラムである。[*19] このプログラムでは、自分たちの文化や慣習、発展段階に合わせて、欧米諸国の法制度を巧みに修正しながらとり入れてきた明治以来の日本の経験を役立てることに自覚的である。法整備支援のような優れた試みがもっと大規模かつ意識的に行われるべきだ。

第三章で概観したように、明治の先人たちは、母語で近代国家を作るために多大の苦労を重ねた。そのノウハウを新興諸国に提供する。それが日本の使命であり、有意義な国際貢献の形であろう。

▼母語で豊かな人生が送れる世界を作る

本章の議論を、逆説的な表現をしつつ締めくくりたい。それは、「英語が下手でも安心していられる世界を作ろう」ということだ。

日本が本当に目指すべきは、日本人の英語力強化ではない。目指すべきは、非英語圏の人々が、安心して日本人と同じくらい英語が下手でいられる世界の実現である。

第三章で見たように、日本人が英語下手なのは、日本では日本語による近代化に成功し、日本語だけで何不自由なく生きていけるからである。大学院レベルの教育も受けられるし、弁護士や公認会計士などの専門職にも就ける。高給取りの一流企業の社員にもなれる。世界中の文学が日本語の翻訳で読めるし、歴史を学ぶこともできる。日本語環境でほぼすべてのスポーツも楽しむことが可能である。こうした非常に恵まれた環境に暮らしているので、日本人は英語が下手なのである。

これはとても幸せなことである。外国語を身につけるという時間と労力とお金のかかる作業を必ずしもしなくてもいいため、それ以外のことに打ち込むことができる。創造的な技術や学問、文学、芸術、ビジネスが生まれやすい。教育格差も、それに伴う経済的格差も広がりにくい。言語的分断に端を発する社会的分断は生じず、国民の間に一体感が育まれ、保たれやすい。

日本が今後なすべきは、日本の国づくりについて言えば、このような環境を作り上げた先人の叡智と苦労に感謝すると同時に、この恵まれた日本語環境をさらに発展させ、次の世代に引き継いでいくことである。

また、日本が目指すべき世界秩序とは、各国の人々が、それぞれの母語で日本のような環境をできる限り手に入れられる世界である。日本はその実現のために、日本が経験し蓄積してきた国づくりのノウハウ――「翻訳」と「土着化」のノウハウ――を提供し、惜しみない支援を送るべきである。

もし目指すべき世界秩序が実現したとすれば、非英語圏の人々も母語で豊かな人生を送ることができるようになる。

そうした世界では、各国の人々の創造性が花開き、それぞれの独自の文化が栄え、今とは比べものにならないほどの人類社会の多様な可能性が明らかになるであろう。また、こうした世界こそ、現状よりも、はるかに公正な世界なのである。

我々が国家戦略としてなすべきことは、日本社会の英語化などでは断じてない。先人の国づくりの叡智を受け継ぎ、それを公正な世界秩序づくりに発展させていくことなのだ。

おわりに――「エリートの反逆」の時代に

『英語化は愚民化』などという、少々、刺激的な本書の書名が一人歩きを始めると、誤解を含んだいくつかの反応が届くであろうことが今から想像できる。英語教育を否定するのかというお叱《しか》りが来るだろう。バイリンガルを馬鹿にするのか、と感情的な反応もあるだろう。時代錯誤の言語鎖国を主張している学者がいると批判される可能性もある。

しかし、私の主張はそのようなものではない。日本社会を英語化する政策を批判しても英語教育を軽視しているわけではない。語学が堪能な人々の活躍を軽視するものでもない。最後までお付き合い頂いた方には申し上げる必要もないが、本書は、外国語の能力に優れた者が外来の知を積極的に学び、「翻訳」することの重要性を繰り返し強調している。

中世から近代に向かう過程のヨーロッパでは、ラテン語から「土着語」への知識の摂取が行われたことで、各国民の自尊心と政治・文化への参加の自覚が育まれ、それが近代化の原動力となった。

明治期の日本においては、世界の最先端の知が日本語に「翻訳」され、庶民がアクセスしやすい形で広められ、そのおかげで近代化は成功をおさめた。専門的な外国の用語が優れた翻訳者たちの手で日本語化されたために、国民一人ひとりが、知的に成長し、高度な政治や経済の場にも参画することが可能となった。その結果、日本語を母語とする人々の間に強い連帯意識が生まれ、日本は近代的な国民国家の精神を存立させることができたのである。そうした日本語による国づくりを明治のエリートたちは自覚的に選択した。

エリートのこの選択と翻訳者たちの努力がなければ、エリート言語としての英語の使用者と、つまらない卑近なものと低く見られる日本語の使用者とに社会は分断されたままだったろう。日本の国力は低いままで、西欧列強に飲み込まれていたかもしれない。

明治の近代化の始まりから一五〇年が経とうとしている今、英語化を推進するのは、先人の努力への冒瀆である。英語化によって社会を分断すれば、急拡大する格差への不満が社会に渦巻き、ともすれば暴力的な行為を伴った混乱が訪れる可能性さえある。

高度で複雑なビジネスや技術開発や学術研究の場の言語が英語に独占されるようになれば、日本の優秀な中間層といえども、英語が得意でないというだけで、そのような場から締め出される。仮にその場にとどまることができたとしても、母語たる日本語による思考のレベルに比べ、英語を無理強いされたうえで行う思考のレベルは格段に低い。大多数の日本人は現在の知的水準を維持することができなくなる。

日本語そのものも、最先端の用語を持たない発展の遅れた「現地語」と化し、日本語を話す階層の人々の知的劣化に拍車をかけるだろう。

英語化が日本人の愚民化を招くと半ばわかっていながら、エリートたちは、日本の社会の英語化に躍起になっている。本書の批判は、英語が得意な人々へのものではなく、国民の知的成長の機会を奪い、国力を低下させようとする人々に向けたものである。

＊　＊　＊

クリストファー・ラッシュというアメリカの歴史家をご存じだろうか。彼が一九九五年に刊行した『エリートの反逆――現代民主主義の病い』は、グローバル化が本格的に進展すると、エリートたちがどんな振る舞いをするのかを批判的に書いた論評である[*1]。

アメリカでも日本でも、かつてエリートは地域の名望家であり、天下国家を憂い、責任を負う覚悟を持った存在だった。地域社会のなかに自らの生産基盤を持ち、自分の現在の地位が地域社会やそれを成り立たせている国からの恩恵を被っていることに自覚的だったため、エリートは公共の問題に強い関心を抱いた。自分を育んできた地域社会や国の発展を願い、実際にさまざまな形でそれらに貢献しようとする存在だった。

ラッシュは、こうしたエリート像は、グローバル化の進展に伴い、変質していくと主張した。そして、変質したエリートは各国の民主主義や一般国民の生活を脅《おびや》かす存在となると論じ、話題を集めた。オルテガは、かつて『大衆の反逆』を著し、民主主義社会を破壊するのは、文化や伝統とのつながりを自覚しない愚かな大衆だと記した[*2]が、ラッシュは、グローバル化の進んだ現代世界では、民主主義社会の基盤を損なうのは、エリート層の方だという見方を示したのだ。

ラッシュがそのように論じたのは、エリート層の存立基盤が変化していくからだ。エリートの存立基盤は、新しく成立したグローバル市場になったのだ。グローバル市場からいかに利益を引き出すかに彼らは執心する。

ラッシュは次のように記した。「アメリカの新しいエリート層の忠誠心は、（……中略……）地域的、国家的、あるいは局所的ではなく、国際的である。彼らにとっては、地球規模のコミュニケーション・ネットワークにいまだプラグをいれていないアメリカの大衆よりも、ブリュッセルや香港にいる商売相手の方が、共通点が多いのである[*3]」

つまり、新しく出現したエリート層は、地域社会や国家には、なんらの愛着も忠誠心も持たない。「同じ〇〇人だから」という、同胞国民に対する連帯意識も感じない。

二一世紀のアメリカでは、ラッシュが危惧した通りの事態が生じている。社会の中心を占めるようになった、ごく一握りの富裕層である「グローバル・エキスパート」は、庶民層や貧困層に連帯意識などほとんど持たない。守衛詰所やゲートのある高級住宅街（ゲーティッド・コミュニティ）に逃げ込み、子供たちはそのなかの私立学校に通う。高級住宅街の外側の、公共の事項には無関心になる。自分たちの生活の基盤たるグローバル市場が円滑に運営されている限り、アメリカという国家がどうなろうと知ったことではない。公共精神を喪失した新しいエリート層の「反逆」に、現在のアメリカ社会は苦悩している。

こうしたエリートの反逆を見れば、グローバル化の危うさが浮き彫りになる。本書『英語化は愚民化』は、こうしたエリートたちの反逆が必然的に生じるグローバル化の前で、いかに民主主義がもろいものであるかを見てきた。

多くの読者が薄々感じているだろうが、日本のエリートも最近、変質しつつある。「法人税を下げなければ、本社を外国に移すぞ」と政府を恫喝《どうかつ》する大企業の幹部、「国際競争力向上のために、解雇規制や労働時間規制を緩和すべきだ」と口にして憚《はばか》らない政治家、「優秀な留学生を呼んでくるため、うちは授業をすべて英語でやっている」と国語に対する裏切りを誇らしげに言う大学教員。そうした奇妙なエリートが、日本にも出現しつつある。

幸い、日本は、現時点ではアメリカほどひどい状態には至っていない。しかし政府の推し進めるグローバル化政策・英語化政策がグローバル市場で活躍できるプレーヤーを作り出すことを目標としている以上、「改革」がこのまま進めば、日本が同様の事態に陥るのは、そう遠い未来ではないだろう。

政府が躍起になって作り出そうとしている「グローバル人材」なるものは、アメリカのエリート層と同様、グローバル市場を自らの存立基盤とするものである。日本の地域社会や日本という国家ではない。日本への愛着など、特段、持たない存在となる可能性が高い。

それに加えて、日本の新しいエリート層は、日本の一般国民と言語を共有しなくなる。本書で再三強調してきたように、言語の共有は、連帯意識の最も主要な源泉だ。現在、わが国の政府が作り出そうとしている新しいエリート層は、アメリカ以上に、一般国民との絆を断ち切った存在になることが予想される。

小学校での英語正式教科化に対応して、やがて私立、および国立の中学校入試で英語が必須となる。英語さえできれば、英語化された日本の一流大学への入学も、それほど難しくなくなると予想される。教育熱心な家庭では、小学生の頃から子供を海外へ留学させることが流行るだろう。日本への愛着や日本人らしい常識を持たず、日本語もうまく話せない新しい世代のエリートが日本の中枢を牛耳るようになるのはまず間違いない。

そう遠くない将来、日本のエリート層は、日本の言語や文化、ならびに日本の一般国民の積み上げてきた生活にますます牙を剝《む》き、アメリカ以上の格差社会を作り出す存在となるのではないだろうか。

＊　　＊　　＊

本書の冒頭で、三木谷浩史氏が公用語を英語に定め、経済成長を果たしたシンガポールを成功モデルとしてほめそやし、日本もその道を進むべきだと発言していることを紹介したが、三木谷氏をはじめ、グローバル化・英語化推進派の人々は、「言語はツールに過ぎない」と思い込んでいるからか、言語と、文化や社会、政治とのつながりを理解していない。

たとえば、シンガポールに関して言えば、シンガポールが常に抱えてきた政治経済上の深刻な諸問題が見えていないようだ。シンガポールは常に、複数の言語を学ばなければならない若者の負担、どうしてもエリート主導に陥ってしまう政治、民族間に生じる大きな経済格差、国民の連帯意識を作り出すことの困難さ、連帯意識の欠如から来る福祉制度の機能不全、独自の芸術が生まれない文化的貧困などの諸問題にずっと悩まされてきた。[*4]

決定的な問題として、シンガポールは民主主義国家ではない。母語が民主主義の重要な基盤であることは、第四章で述べた通りだ。

グローバル企業の経営者の観点からすれば、各国の恵まれた層から、使い勝手の良い人材を集め、安価で雇えればいいと言えるのかもしれない。しかし、国民一般の幸福を願う、真っ当な国づくりの観点に立てば、そうした乱暴な言い分は許されない。

やはり、第三章で見た馬場辰猪ら明治の先人が真剣に考えたように、一人ひとりが限られた時間のなかで最大限、創造力などの各種能力を磨くことができ、平等に政治に参加でき、経済的格差が小さく、国民の間に連帯意識や相互扶助の精神が育まれる国づくりを目指す必要がある。そのためには国語を大切にしなければならないのだ。母語による国づくりを議論の末に選択し、その実現に奮闘した明治の先人たちはエリートの責務を果たした。

私の祖父は、戦前の日本統治下の台湾から、内地に留学し、中央大学で学んだ。祖父だけでなく、戦前の日本には、アジアの各国・各地域から多数の留学生が訪れた。自国の言語や文化を守りつつ、自力で近代化し、先進国への仲間入りを果たした日本への憧れと好奇心、日本の近代化に学ぼうという向学心が背景にあった。

この点は現代でも変わらない。洞察力ある外国人は、日本の国力の源泉を的確に見抜いている。たとえば、私の知人にフィリピン出身で日本に二〇年以上暮らす方がいる。彼は、ある言論サイトへの寄稿のなかで、母国フィリピンの言語状況を次のように説明し、身を切るような言葉で、近年の日本社会の英語化に警鐘を鳴らしている。「英語化や英語の公用語化を実施しても、英語を高いレベルでこなせるようになるのは一部の『エリート』のみであって、しかもそのエリートが国民のことを考えるより、外国企業などの『手先』と化してしまうことがあります。（……中略……）フィリピンはもっとも『グローバル化』、つまり『アメリカ化』してきた国のひとつです。日本で英語化を推進するにあたって、フィリピンがどうなってしまったのかを参考にしていただきたいと思います[*5]」

第六章で述べたように、言語は単なるツールではない。言語が我々のものの見方や感受性を形作っている。日本の良さや強みも言語、つまり日本語の充実によるところが少なくない。現在の日本語は先人の無数の営みによって作られてきた。

我々は、英語化に踊らされ、先人の努力を、将来の日本人を、そして自分たち自身を、裏切ってはならないのだ。

施　光恒

二〇一五年六月

註

はじめに

1 クールジャパンムーブメント推進会議「Cool Japan Proposal（クールジャパン提言）」二〇一四年八月二六日発行、一〇頁
http://www.cas.go.jp/jp/seisaku/cool_japan/cj/dai5/siryou2.pdf
2 「日本経済新聞」（電子版）二〇一四年四月三〇日配信

第一章　日本を覆う「英語化」政策

1 三木谷浩史『たかが英語！』講談社、二〇一二年
2 三木谷浩史／三木谷良一『競争力』講談社、二〇一三年
3 「平成25年第4回産業競争力会議議事要旨」
http://www.kantei.go.jp/jp/singi/keizaisaisei/skkkaigi/dai4/gijiyousi.pdf
「人材力強化のための教育戦略」（平成25年3月15日　文部科学大臣 下村博文）
http://www.kantei.go.jp/jp/singi/keizaisaisei/skkkaigi/dai4/siryou7.pdf
4 「日本経済新聞」（電子版）二〇一四年九月三〇日配信

第二章　グローバル化・英語化は歴史の必然なのか

1 水村美苗『日本語が亡びるとき——英語の世紀の中で』筑摩書房、二〇〇八年
2 ジョン・グレイ／松野弘 監訳『ユートピア政治の終焉——グローバル・デモクラシーという神話』岩波書店、二〇一一年
3 Gray, J., "The World is Round," in *Gray's Anatomy: Selected Writings*, Anchor Canada, 2009, p.259
4 徳善義和『マルティン・ルター——ことばに生きた改革者』岩波新書、二〇一二年、四—五頁
5 同書、五五頁
6 D・ダニエル／田川建三訳『ウィリアム・ティンダル——ある聖書翻訳者の生涯』勁草書房、二〇〇一年、二頁
7 田川建三「訳者後書き」（ダニエル同書所収）、七四二—七四四頁
8 同書、七四三—七四四頁
9 ルネ・デカルト／山田弘明訳『方法序説』ちくま学芸文庫、二〇一〇年、一一二頁
10 同書、二六頁
11 同書、二七頁
12 デカルト書簡「デカルトからヴァチエへ（一六三八年二月二二日）」（武田裕紀ほか訳『デカルト全書簡集　第二巻（1637-1638）』

知泉書館、二〇一四年、所収)、一二六―一二七頁
13 三木清「デカルトと民主主義」(『三木清全集』第十三巻、岩波書店、一九六七年、所収)、三〇六―三〇九頁
14 同書、三〇七頁
15 長谷川三千子「水村美苗〈日本語衰亡論〉への疑問」(『諸君!』文藝春秋、二〇〇九年五月号)
16 藤原正彦『祖国とは国語』講談社、二〇〇三年、七四―八一頁

第三章 「翻訳」と「土着化」がつくった近代日本

1 森有禮「ホイトニー宛書翰(明治5年5月21日)」(川澄哲夫編、鈴木孝夫監修『資料日本英学史2 英語教育論争史』大修館書店、一九七八年、所収)、四七―五一頁
2 Whitney, W. D., *On the Adoption of the English Language in Japan*(大久保利謙編『森有禮全集』第三巻、宣文堂書店、一九七二年、所収)、四一四―四二三頁
3 「学監米人博士ダウキッド、モルレー申報」(『日本帝国文部省年報、第一(明治六年)』、所収)、一四一―一四八頁。また、モルレーの意見については、下記の記述も参考にした。川澄哲夫「第一章 英学の終焉 解説」(前掲『資料日本英学史2 英語教育論争史』、所収)、二五―二六頁
4 太田雄三『英語と日本人』TBSブリタニカ、一九八一年、六一―一六〇頁
5 福澤諭吉「明治七年六月七日集会の演説」(『福澤諭吉著作集 第12巻』慶應義塾大学出版会、二〇〇三年、所収)、四九二頁
6 福澤諭吉『学問のすゝめ』岩波文庫、一九七八年、一五七頁
7 馬場辰猪/西田長寿訳「『日本語文典』序文」(『馬場辰猪全集 第一巻』岩波書店、一九八七年、所収)、二〇九―二一四頁
8 同序文、二一四頁
9 穂積陳重『法窓夜話』岩波文庫、一九八〇年、一七〇頁
10 同書、一七二―一七三頁
11 齋藤毅『明治のことば――東から西への架け橋』講談社、一九七七年、二四頁
12 高田宏『言葉の海へ』新潮社、一九七八年、三八頁
13 大槻文彦『廣日本文典別記』一八九七年、二六頁
14 東京専門学校(早稲田大学)の設立理念の一つとしての邦語教育については、政治学者・内田満氏の一連の研究から多くを学んだ。たとえば以下を参照のこと。内田満『内田満政治学論集1 日本政治学の一源流』早稲田大学出版部、二〇〇〇年、二九―四四頁

15 「東京専門学校（明治十五年十月廿一日東京専門学校開校式に於て）小野梓氏演説案」（山本利喜雄編『早稲田大学開校・東京専門学校創立廿年紀念録』早稲田学会、一九〇三年、所収）、附録三頁
16 同書、附録五頁
17 高田早苗『半峰昔ばなし』早稲田大学出版部、一九二七年、一〇六―一〇七頁
18 「早稲田叢書出版の趣意」（ウッドロオ・ウィルソン／高田早苗訳『政治汎論』東京専門学校出版部、一八九五年、所収）、巻頭一頁
19 同書、同頁
20 前掲齋藤『明治のことば』、二一〇頁
21 夏目漱石「語学養成法（明治44年）」（『漱石全集』第16巻別冊、岩波書店、一九六七年、所収）、六八八―六八九頁

第四章　グローバル化・英語化は民主的なのか

1 E・トッド／石崎晴己編『自由貿易は、民主主義を滅ぼす』藤原書店、二〇一〇年、三九頁
2 E・トッド／石崎晴己訳『デモクラシー以後――協調的「保護主義」の提唱』藤原書店、二〇〇九年
3 W・キムリッカ／千葉眞・岡崎晴輝訳者代表『新版 現代政治理論』日本経済評論社、二〇〇五年、四五六―四五七頁、訳文を一部改訂
4 リベラル・ナショナリズム論については、たとえば、施光恒・黒宮一太編『ナショナリズムの政治学――規範理論への誘い』ナカニシヤ出版、二〇〇九年、第四章を参照
5 J・S・ミル／水田洋訳『代議制統治論』岩波文庫、一九九七年、三七六頁
6 Canovan, M. *Nationhood and Political Theory*. Edward Elgar, 1996, pp.16-26.
7 ベネディクト・アンダーソン／白石さや・白石隆訳『増補 想像の共同体――ナショナリズムの起源と流行』NTT出版、一九九七年、七六―八七頁
8 ウィル・キムリッカ／岡崎晴輝・施光恒・竹島博之監訳『土着語の政治』法政大学出版局、二〇一二年、三一七―三一八頁
9 松原好次・山本忠行編著『言語と貧困――負の連鎖の中で生きる世界の言語的マイノリティ』明石書店、二〇一二年、一〇二―一〇三頁
10 トマ・ピケティ／山形浩生・守岡桜・森本正史訳『21世紀の資本』みすず書房、二〇一四年、第一五章
11 ヤエル・タミール／押村高・高橋愛子・森分大輔・森達也訳『リベラルなナショナリズムとは』夏目書房、二〇〇六年、二五八―二六五頁。デイヴィッド・ミラー／富沢克・長谷川一年・施光恒・竹島博之訳『ナショナリティについて』風行社、二〇

〇七年、一六三―一六七頁
12 Kymlicka, W., *Liberalism, Community, and Culture*, Clarendon Press, 1989, ch.8
13 前掲キムリッカ『土着語の政治』、二九四―二九五頁

第五章　英語偏重教育の黒幕、新自由主義者たちの思惑

1 平泉渉・渡部昇一『英語教育大論争』文藝春秋、一九七五年
2 中公新書ラクレ編集部＋鈴木義里編『論争・英語が公用語になる日』中公新書ラクレ、二〇〇二年
3 新自由主義が民主的審議を軽視する傾向については、たとえば以下を参照。コリン・ヘイ／吉田徹訳『政治はなぜ嫌われるのか――民主主義の取り戻し方』岩波書店、二〇一二年、第三章
4 「平成26年第16回産業競争力会議議事要旨」
http://www.kantei.go.jp/jp/singi/keizaisaisei/skkkaigi/dai16/gijiyousi.pdf
5 「日本経済新聞」二〇一三年一〇月二一日付夕刊
6 原谷直樹「新自由主義（ネオリベラリズム）」（佐伯啓思・柴山桂太編『現代社会論のキーワード――冷戦後世界を読み解く』ナカニシヤ出版、二〇〇九年、所収）、六―七頁
7 The World Top Incomes Database
http://topincomes.parisschoolofeconomics.eu/#Graphic
8 デヴィッド・ハーヴェイ／渡辺治 監訳『新自由主義――その歴史的展開と現在』作品社、二〇〇七年、二九―三二頁
9 トーマス・フリードマン／東江一紀・服部清美訳『レクサスとオリーブの木――グローバリゼーションの正体（上）（下）』草思社、二〇〇〇年、第五章
10 ダニ・ロドリック／柴山桂太・大川良文訳『グローバリゼーション・パラドクス――世界経済の未来を決める三つの道』白水社、二〇一三年
11 「日本再興戦略――JAPAN is BACK」（平成二五年六月一四日）
http://www.kantei.go.jp/jp/singi/keizaisaisei/pdf/saikou_jpn.pdf
12 「日本再興戦略 改訂２０１４――未来への挑戦」（平成二六年六月二四日）
http://www.kantei.go.jp/jp/singi/keizaisaisei/pdf/honbunJP.pdf
13 「日本経済新聞」二〇一四年六月一九日付朝刊
14 前掲「日本再興戦略 改訂２０１４」、七〇頁

15 前掲「Cool Japan Proposal（クールジャパン提言）」、一〇頁

16 国家戦略特区ワーキンググループ「国家戦略特区において検討すべき規制改革事項等について」（平成二五年一〇月一八日）、五頁
http://www.kantei.go.jp/jp/singi/tiiki/kokusentoc_wg/dai6/siryou.pdf

17 ロバート・フィリプソン／平田雅博ほか訳『言語帝国主義——英語支配と英語教育』三元社、二〇一三年、二〇一—二二一頁

18 同書、二一六頁

19 同書、二三八—二三九頁

20 ガイ・クック／斉藤兆史・北和丈訳『英語教育と「訳」の効用』研究社、二〇一二年、一四—三六頁

21 三木谷浩史「成長戦略（素案）に対するコメント」（第十一回 産業競争力会議 配布資料、二〇一三年六月五日）
http://www.kantei.go.jp/jp/singi/keizaisaisei/skkkaigi/dai11/siryou3.pdf

22 江利川春雄「『大学入試にＴＯＥＦＬ等』という人災から子どもを守るために」（大津由紀雄、江利川春雄、斎藤兆史、鳥飼玖美子『英語教育、迫り来る破綻』ひつじ書房、二〇一三年、所収）、一九—二〇頁

第六章　英語化が破壊する日本の良さと強み

1 木村敏『人と人との間——精神病理学的日本論』弘文堂、一九七二年、第四章。および鈴木孝夫『ことばと文化』岩波新書、一九七三年、第六章

2 前掲木村『人と人との間』、一二九—一三九頁、鈴木『ことばと文化』、一二九—一七八頁

3 木村『人と人との間』、一三七頁

4 木村『人と人との間』、一四二頁。同様のことは、鈴木の前掲『ことばと文化』、一九五—二〇三頁にも記されている。

5 「公正さ」などの原理を重視する欧米の道徳観と比べ、日本で優勢な道徳観は、「思いやり」「気配り」「人間関係」といった情緒的・状況的価値を重視するものであることは、次のような著名な日本文化研究で数多く指摘されてきた。ルース・ベネディクト／長谷川松治訳『定訳 菊と刀——日本文化の型』社会思想社、一九六七年、二二四、二二七頁。木村『人と人との間』、五一—七三頁、中村元『日本人の思惟方法（中村元選集第3巻）』春秋社、一九八九年、三二九—三四五頁。Lebra, T. S., *Japanese Patterns of Behavior*, University of Hawaii Press, 1976, ch.1. また、多くの心理学や発達心理学の研究でも、この点は実証的に示されてきた。簡潔なレビューとして以下を参照。Naito, T., "*A Survey of Research on Moral Development in Japan*," *Cross-Cultural Research*, vol.28, no.1, 1994. あるいは、東洋『日本人のしつけと教育——発達の日米比較にもとづいて』東京大学出版会、一九九四年、第四章、第六章

6 たとえば以下を参照。出光佐三『マルクスが日本に生まれていたら〈新版〉』春秋社、二〇一三年、三四―三五頁
7 鈴木孝夫『日本の感性が世界を変える――言語生態学的文明論』新潮選書、二〇一四年、第二章
8 鈴木孝夫「日本の漢字は世界に誇れる偉大な文化である――『日本語と外国語』（第四章、第五章）をめぐって」（鈴木孝夫研究会編『鈴木孝夫の世界 第4集』富山房インターナショナル、二〇一二年、所収）、三四頁
9 エドワード・T・ホール／岩田慶治・谷泰 訳『文化を超えて』TBSブリタニカ、一九七九年、七二―八三頁
10 佐々木瑞枝「日本語表現を通して見た『察しの文化』」（濱口恵俊編著『世界のなかの日本型システム』新曜社、一九九八年、所収）
11 今井康夫『アメリカ人と日本人――教科書が語る「強い個人」と「やさしい一員」』創流出版、一九九〇年。塘利枝子・真島真里・野本智子「日英の国語教科書にみる対人的対処行動――内容分析的検討」「教育心理学研究」第四六号、一九九八年
12 野中郁次郎・竹内弘高／梅本勝博訳『知識創造企業』東洋経済新報社、一九九六年
13 Adobe. "state of create study" April 2012
http://www.adobe.com/aboutadobe/pressroom/pdfs/Adobe_State_of_Create_Global_Benchmark_Study.pdf
14 Economist Intelligence Unit. "A new ranking of the world's most innovative countries"
http://graphics.eiu.com/PDF/Cisco_Innovation_Complete.pdf
15 『韓国日報』（電子版、二〇〇八年一〇月九日配信）。この記事の訳については、下記の書籍に掲載されているものを引用した。寺島隆吉『英語教育が亡びるとき――「英語で授業」のイデオロギー』明石書店、二〇〇九年、四五―四六頁
16 「朝日新聞」二〇一四年一一月二六日付朝刊
17 中島岳志「〝英語偏重〟に疑問の声『私たちの言語で教育を！』」「クーリエ・ジャポン」二〇一一年九月号。また中島氏がとり上げた次の記事も参照した。Debarshi Dasgupta. "How do you say 'software' in Gujarati ?" *Outlook india.com*, Jun.27.2011.
18 藤本隆宏『日本のもの造り哲学』日本経済新聞社、二〇〇四年、第一章
19 エズラ・F・ヴォーゲル／広中和歌子・木本彰子訳『ジャパン アズ ナンバーワン――アメリカへの教訓』TBSブリタニカ、一九七九年、一八九頁
20 たとえば、各国のいわゆる「高級紙」と呼ばれる新聞の最近の発行部数の比較は興味深い。欧米の「高級紙」の発行部数はフランスのルモンド紙は三〇万部、イギリスのタイムズ紙も四〇万部に届かない。これに対して日本の朝日新聞は七六〇万部、読売新聞は九一一万部である。インテリ層と庶民層の区別がほとんどなく、庶民の教育水準が平均して高いというヴォーゲルの指摘は今でも当たっていると言えよう。

21 文部科学省「OECD国際成人力調査 調査結果の概要」http://www.mext.go.jp/b_menu/toukei/data/Others/__icsFiles/afieldfile/2013/11/07/1287165_1.pdf
22 同報告書、一七頁
23 鈴木孝夫『日本語と外国語』岩波新書、一九九〇年、第四章
24 ロバート・フィリプソン／平田雅博ほか訳『言語帝国主義——英語支配と英語教育』三元社、二〇一三年、二一二―二一三頁
25 同書、二一三頁
26 Ngugi wa Thiong'o, *Writers in Politics*, Heinemann, 1981, ch. 1.

第七章　今後の日本の国づくりと世界秩序構想

1 津田幸男『英語支配とことばの平等——英語が世界標準語でいいのか？』慶應義塾大学出版会、二〇〇六年
2 同書、一二九頁
3 藤井聡・中野剛志『日本破滅論』文春新書、二〇一二年、二四九―二五一頁
4 ジェームス・トービン／矢島鈞次・篠塚慎吾訳『インフレと失業の選択——ニュー・エコノミストの反証と提言』ダイヤモンド現代選書、一九七六年、一〇六―一一六頁。およびジェームズ・トービン／岡野裕介訳・解題「国際通貨改革のための提案」「別冊　環」第七号、藤原書店、二〇〇三年、一六八―一七九頁
5 Pogge, T. W., "An Egalitarian Law of Peoples" *Philosophy and Public Affairs*, vol.23, no.3, 1994, pp.199-205.
6 デイヴィッド・ミラー／富沢克・伊藤恭彦・長谷川一年・施光恒・竹島博之訳『国際正義とは何か——グローバル化とネーションとしての責任』風行社、二〇一一年、第三章
7 トマス・ポッゲ／立岩真也監訳『なぜ遠くの貧しい人への義務があるのか——世界的貧困と人権』生活書院、二〇一〇年
8 同書、三七―六〇頁
9 Van Parijs, P., 'Linguistic Justice,' in Kymlicka, W. and Patten, A. (eds.), *Language Rights and Political Theory*, Oxford University Press, 2003.
10 前掲フィリプソン『言語帝国主義』、第五章、第六章
11 山田雄一郎、大津由紀雄、斎藤兆史『「英語が使える日本人」は育つのか？——小学校英語から大学英語までを検証する』岩波ブックレット、二〇〇九年、二六―二七頁
12 デイヴィッド・グラッドル／山岸勝榮訳『英語の未来』研究社出版、一九九九年。なお、この本の存在は、下記の文献から知った。トール・サンダルソラ／塚本繁蔵・吉田卓訳『言語帝国主義——英語と世界制覇の夢と現実』幻冬舎ルネッサンス、二

〇一〇年、一七―一八頁

13 前掲グラッドル『英語の未来』、一六八―一六九頁

14 同書、一六九―一七〇頁

15 鈴木孝夫『日本人はなぜ英語ができないか』岩波新書、一九九九年、第二章

16 加藤周一「日本文化の雑種性」(『加藤周一セレクション5――現代日本の文化と社会』平凡社ライブラリー、一九九九年、所収)

17 長谷川櫂『和の思想――異質のものを共存させる力』中公新書、二〇〇九年

18 Westney, D. E., *Imitation and Innovation: The Transfer of Western Organizational Patterns in Meiji Japan*, Harvard University Press, 1987, pp.1-8.

19 法務省「国際協力部による法制度整備支援活動～世界に貢献、日本の力！」
http://www.moj.go.jp/housouken/houso_lta_lta.html
法整備支援と日本の国際貢献のあり方については、以下も参照。大屋雄裕「法整備支援と日本の経験」(松永典子、施光恒、吉岡斉編著『「知の加工学」事始め――受容し、加工し、発信する日本の技法』新宿書房、二〇一一年、所収)

おわりに

1 クリストファー・ラッシュ／森下伸也訳『エリートの反逆――現代民主主義の病い』新曜社、一九九七年

2 オルテガ／寺田和夫訳『大衆の反逆』中公クラシックス、二〇〇二年

3 前掲ラッシュ『エリートの反逆』、四四頁

4 ダニエル・A・ベル／施光恒、蓮見二郎訳『「アジア的価値」とリベラル・デモクラシー――東洋と西洋の対話』風行社、二〇〇六年、第四章

5 レイ「文化が失われるということ――英語に掻き消されていくフィリピンの面影」
http://asread.info/archives/861

参考文献

江利川春雄、斎藤兆史、鳥飼玖美子、大津由紀雄、内田樹『学校教育は何のため?』ひつじ書房、二〇一四年
寺沢拓敬『「日本人と英語」の社会学――なぜ英語教育論は誤解だらけなのか』研究社、二〇一五年
鳥飼玖美子『「英語公用語」は何が問題か』角川書店、二〇一〇年
成毛眞『日本人の9割に英語はいらない』祥伝社、二〇一一年

施 光恒（せ てるひさ）

一九七一年、福岡県生まれ。政治学者。九州大学大学院比較社会文化研究院准教授。慶應義塾大学法学部政治学科卒。英国シェフィールド大学大学院政治学研究科哲学修士課程（M．Ｐｈｉｌ）修了。慶應義塾大学大学院法学研究科後期博士課程修了。博士（法学）。専攻は政治理論、政治哲学。著書に『リベラリズムの再生』（慶應義塾大学出版会）、共著に『ＴＰＰ 黒い条約』（集英社新書）など。

英語化《えいごか》は愚民化《ぐみんか》 日本《にほん》の国力《こくりょく》が地《ち》に落《お》ちる

集英社新書〇七九五A

二〇一五年七月二二日 第一刷発行
二〇二二年七月一九日 第八刷発行

著者……施《せ》 光恒《てるひさ》
発行者……樋口尚也
発行所……株式会社集英社
東京都千代田区一ツ橋二−五−一〇 郵便番号一〇一−八〇五〇
電話 〇三−三二三〇−六三九一（編集部）
〇三−三二三〇−六〇八〇（読者係）
〇三−三二三〇−六三九三（販売部）書店専用

装幀……原 研哉
印刷所……大日本印刷株式会社 凸版印刷株式会社
製本所……加藤製本株式会社

定価はカバーに表示してあります。

ISBN 978-4-08-720795-8 C0231

Printed in Japan

a pilot of wisdom

a pilot of wisdom

集英社新書　好評既刊

大東亜共栄圏のクールジャパン　「協働」する文化工作
大塚英志　1107-D
戦時下、大政翼賛会がアジアに向けておこなった、文化による国家喧伝と動員の内実を詳らかにする。

僕に方程式を教えてください　少年院の数学教室
髙橋一雄／瀬山士郎／村尾博司　1108-E
なぜ数学こそが、少年たちを立ち直らせるのか。可能性のある子どもたちで溢れる少年院の未来図を描く。

大人の食物アレルギー
福冨友馬　1109-I
患者数が急増している「成人食物アレルギー」。その研究・治療の第一人者による、初の一般向け解説書。

何が記者を殺すのか　大阪発ドキュメンタリーの現場から
斉加尚代　1110-B
維新旋風吹き荒れる大阪で奮闘するテレビドキュメンタリストが、深刻な危機に陥る報道の在り方を問う。

財津和夫　人生はひとつ　でも一度じゃない
川上雄三　1111-N 〈ノンフィクション〉
財津和夫が癌や更年期障害を乗り越え、過去の自分から脱却し、新たに曲を書き下ろす過程を描き切る。

自衛隊海外派遣　隠された「戦地」の現実
布施祐仁　1112-A
PKO法が制定・施行後、自衛隊は何度も「戦場」に送り込まれてきた。隠された「不都合な真実」を暴く。

「米留組」と沖縄　米軍統治下のアメリカ留学
山里絹子　1113-D
占領下の沖縄からアメリカ留学をした若者たちは、どのような葛藤を抱き、どのような役割を担ったのか。

猪木と馬場
斎藤文彦　1114-H
猪木と馬場のライバル物語を追うことは、日本のプロレス史を辿ること。プロレスの本質を伝える一冊。

フィンランド　幸せのメソッド
堀内都喜子　1115-B
「人こそが最大の資源で宝」という哲学のもと、国民が平等かつ幸福に暮らす国の、驚くべき仕組みとは。

未完の敗戦
山崎雅弘　1116-D
なぜ日本では人が粗末に扱われるのか？　大日本帝国時代の思考形態を明らかにし、その精神文化を検証。